정치본색

실종된 우리 정치에 외치다!

정치본색

임종성 지음

모아북스
MOABOOKS

대통령 잘못 뽑아 나라가 위태롭다.
이것저것 다 내주고 껍데기만 남아 간다.
국민 살림살이도 점점 더 팍팍해지고
국격은 땅에 떨어져 조롱거리가 되었다.

이에 나는 민의를 대행하는 심부름꾼으로서
더 깊이 성찰하고 각오를 새롭게 한다.

슬기롭고 끈질기며 용맹한 국민이 있으니
그런 국민을 믿고 더불어 구국의 소임을 다하자!

정치를 구하고 나라를 구하고 국민을 구하는 데
망설이지도 두려워하지도 말자!

노동자가 보호받고 행복한 나라,
그런 나라가 진짜 좋은 나라 아닌가.
그런데 윤석열 정부의 노동 정책에는 노동자가 없다.
대통령부터 나서서 노동자를 수단화하고
노동조합을 조폭으로 몰아 마녀사냥을 한다.

노동자는 박정희 시대 이후
가장 불행한 시대를 살게 되었다.
전태일 열사가 통곡할 일이다.

나는 윤석열 정부의 반노동 폭압에 맞서
가진 모든 것을 걸고 싸울 것이다.
노동의 가치가 제대로 대접받는 나라,
노동자와 서민이 행복한 나라를 만들기 위해.

나는 총선에서 연거푸 경기도 광주시민의
부름을 받았다.
그 부름에 부응하기 위해 달리고 또 달렸다.
작은 목소리 하나도 놓치지 않으려
늘 시민과 함께했다.
광주는 나의 고향이자 우리 아이들이
살아갈 터전이다.
그동안 적잖은 일을 해왔지만, 아직 할 일이 많다.
진행되고 있어 마무리를 지어야 할 일도 있다.

여당이 폭주하는 정권의 들러리가 되어버린 마당에
그 어느 때보다 야당의 정치력이 중요하게 되었다.
더 나은 광주, 다시 일어서는 정치와 나라를 위해
나는 심부름꾼으로서 늘 새롭게 시작하고 있다.

정치는 때를 기다리지 않고 때를 만드는 것이다.
"깨어 있는 시민의 조직된 힘"이 민주주의를 지키듯이
정치도 조직된 힘으로 개혁을 하고 변화를 일으킨다.
그래서 나는 4050특별위원회 결성에 앞장서는 등
좋은 정치를 위한 조직 결성에 열정을 바쳐왔다.

조직 결성에 보인 능력을 인정받은 나는 2022년 8월,
경기도당위원장으로 선출되었다.
도내 지역대의원 및 권리당원 조직을 총괄하는 자리,
즉 경기도지역 조직을 책임지는 막중한 자리다.
2018년, 당 조직사무부총장으로서 지방선거를
압승으로 이끈 조직 운영 능력을 평가받은 것이다.
경기도당 청년위원회를 조직한 노하우를 바탕으로
4050특별위원회를 조직해낸 능력도 어필했을 것이다.

정치는 국회에서 정당끼리의 교류와 대화도
중요하지만 행정 일선에서 다른 정치 주체끼리의
의견 교환도 중요하다.

그런 의미에서 광역 및 기초지자체의 단체장 또는
의원 그리고 해당 지역구 국회의원 간에 정당에
상관없이 지역의 주요 공통 현안에 관한
허심탄회한 논의를 통해 갈등을 해소하고
이견의 접점을 끌어낼 필요가 있다.

정치는 격식을 갖춘 대화도 중요하지만,

격의 없는 자리에서 나누는 진솔한 대화에서

더 많은 정치적 해결의 실마리가 나올 수 있다.

정치는 늘 변해서 살아 움직이는 것이며,

고정불변으로 정해진 영원한 진리는 없다.

자고로 정치의 대화는 늘 모자라서 걱정이었지

넘쳐서 걱정인 적은 한 번도 없었다.

격의 없는 대화가 그 모자람을 채울 수 있다.

실종된 정치를 찾아서

나라가 어수선하고 위태위태하다. 안에서는 안하무인의 태도로 문제만 일으키고, 밖에서는 비굴한 태도로 호구만 잡히고 다니는 대통령 때문이다. 앞뒤 재지 않고 불에 뛰어드는 불나방 같다. 여당은 그런 대통령의 들러리로 전락하여 정당과 국회의 기능을 무력화하고 있다. 그러니, 정치 과잉이라는 말이 나올 정도로 정치가 범람하는 시대에 정작 정치가 사라졌다. 나는 우리 정치의 핵심적 일원인 국회의원으로서 오늘날 정치 실종 사태에 대해 뼈아프게 반성하면서 그 회복을 위해 각고의 노력을 다할 것을 다짐한다.

2008년에 도의원으로 정치에 발을 들여놓은 이후 재선 국회의원으로 재직하고 있는 현재까지 '아버지의 깃발'을 들고 15년간 정치를 해오면서 내 나름으로는 신명을 다해왔다고 자부하면서도 윤석열 정권 출범 이후 민주주의의 급격한 후퇴와 함께 정치가 실종되는 사태를 맞아 정치인으로서 자괴감이 든다. 정치를 회복하고 민주주의를 일으켜 세워야 하는 임무가 발등의 불로 떨어졌다.

지난 20대 대선을 한 줄에 줄이면, 0.73%, 24만 7천 표, 역대 최소 표차 당선이다.

윤석열 대통령은 당선이 확정된 이후 줄곧 '통합'과 '협치'를 말했다. 하지만 취임한 지 일 년이 훌쩍 넘도록 야당 대표와 만나지도 않고 있다. 야당의 영수회담 제안에 여당은 대통령이 범죄피의자와 면담할 때가 아니라는 모욕적인 말로 제안을 깔아뭉갰다. 여당의 입을 빌렸지만, 대통령의 말일 것이다. 과반의석을 가진 다수당의 영수를 '범죄피의자' 취급을 하면서 철저하게 정략적으로 무시한 것이다. 그러면서 대통령과 여당은 쌍으로 야당이 국정에 협조하지 않는다며 모든 문제를 야당 탓으로 돌리고 있다.

대화와 타협, 즉 정치가 사라진 자리에는 이재명 대표를 비롯한 야당과 문재인 정부 인사에 대한 마구잡이식 수사가 몰아쳤다. 그들이 내세운 명분은 '법과 원칙'이지만, 실은 책임 회피 수단과 다르지 않다. 서울 한복판에서 백수십 명의 생목숨이 꺼지는 참사가 일어나도 윤석열 정부에서는 대통령부터 장관에 이어 구청장까지 '법적 책임이 있다면…' 운운할 뿐 누구 하나 '정치적 책임'을 지겠다고 하는 사람이 없다. 정치의 영역에서 정치가 실종하여 책임지는 사람도 없게 된 것이다.

정치 파괴의 중심에는 대통령이 있다. 타협과 조정이 필요한 갈등 국면에서, 즉 정치가 필요한 국면에서 정치 대신 상대를 '법과 원칙'으로 협박한다. "노동 가치가 제대로 인정받아야 한다"고 했던 윤석열 대통령은 화물연대의 파업을 "북핵 위협이나 마찬가지"라는 막말까지 쏟아내며 적대시했다. 자신이 그토록 다짐했던 통합과 협치 대신 분열과 적대의 통치를 일삼고 있다. 정치의 퇴행이요, 민주주의의 후퇴다.

나는 이 책을 쓰면서 현 정권과 여당을 적잖이 비판했지만, 내 눈의 티나 들보도 여지없이 들여다보았다. 그러면서 새롭게 깨치고 성찰한 점이 많다. 민주주의와 정치에 대해 더 깊고 넓게 공부하면서 우리 정치가 안고 있는 문제의 본질이 무엇일까, 묻고 또 물었다. 이 책은 그 질문에 대한 하나의 대답이지만, 또 다른 질문이기도 하다.

이 책이 나오기까지 도움을 준 분들과 지금 이 책을 읽고 있는 독자께 감사한다. 그리고 민주시민께 약속한다. 실종된 정치를 찾는 데 있는 힘을 다할 것을.

2023년 6월, 임종성

| 차례 |

1장
[정政] 이것이 정치다

2장
[치治] 이것은 정치가 아니다

— 3장 —
[본本] 정치는 말에서 시작된다

— 4장 —
[색色] 말뿐인 정치는 사기다

| 닫는 말 |

나는 왜 정치를 하는가?

"나는 왜 정치를 하는 거지?"

그 질문은 내 안에서 맴돌다가 자문으로 바뀌었다.

가만 생각해 보니 어처구니가 없다.

보궐이긴 하지만, 2008년에 도의원이 되어

재선의원에 이르도록 내가 왜 정치를 하는지를 몰라

다른 사람의 질문에 당혹해하고 새삼 자문하는 처지라니?

"의원님은 왜 정치할 생각을 하셨어요?"

2010년, 선거사무실에 지방선거 개표 상황을 지켜보고 있는 가운데 일찌감치 당선이 확실시되자 긴장이 풀리면서 한 스태프가 내게 불쑥 던진 질문이다.

순간, 당혹스러웠다. 한마디로 대답할 말을 찾지 못했다. 질문이 느닷없기도 했지만, 미처 깊이 생각해 보지 못한 문제에 정곡을 찔린 느낌이었다. 나는 그때 아마 대충 얼버무려 상황을 모면했을 것이다.

그날 밤은 고단한 나머지 깊은 잠에 빠져 잠시 잊었지만, 이튿날 깨어나면서부터 그 당돌한 질문이 내내 뇌리를 떠나지 않았다.

"나는 왜 정치를 하는 거지?"

그 질문은 내 안에서 맴돌다가 자문으로 바뀌었다. 가만 생각해 보니 어처구니가 없다. 보궐이긴 하지만, 2008년에 도의원이 되어 재선의원에 이르도록 내가 왜 정치를 하는지를 몰라 다른 사람의 질문에 당혹해하고 새삼 자문하는 처지라니?

정치가 일상이던 아버지를 보고 자란 때문에 자연히 정치에 뜻을 두게 되었다지만, 우리 5남매 가운데 나만 정치의 길로 들어섰으니 그도 충분한 대답은 되지 못한다. 더구나 정치적 소질이나 자질이라면 큰 누나가 나보다 훨씬 뛰어났으니 말이다.

결국, 나는 시원스러운 답을 얻지 못한 채 개원을 맞아 분주한 나날을 보내느라 한동안 그 질문을 잊고 지냈다. 8대 경기도의회에서 도시환경위원회 위원장을 맡은 나는 하루는 지역 저소득층의 주택 개보수 실태 조사를 위해 주택 수리 전문가와 함께 현장 방문에 나섰다. 그때 방문한 어느 집의 벽에 걸린 낡은 벽시계에 불현듯 눈길이 머물렀다. 시계 하단에 '국회의원 홍길동 贈' 이라는 문구가 선명했다. 그 문구를 보는 순간 그 옛날 어릴 적 우리 집 벽에 붙어 있던 달력이 떠올랐다. 일 년 달력을 한눈에 볼 수 있는 한 장짜리 달력 하단에는 '국회의원 홍길동 贈' 이라는 같은 문구가 박혀 있었다.

그래 맞아, 어린 나는 그때 그 달력에 박힌 이름을 보면서 나도 커서 꼭 국회의원이 되겠다는 꿈을 갖게 되었지. 내가 왜 여태 그걸 잊고 있었을까?

나는 군 제대하고 나서 컴퓨터 방문판매 영업사원으로

사회생활을 시작했다.

영업은 사람을 상대하는 분야인 데다가

좌절감을 겪기 쉬운 만큼이나 성취감을 느끼기 좋아서

내 적성에 딱 맞았다.

일찍이 정치인이 되겠다는 꿈을 키워온 나는 정작 회사원으로 사회생활을 시작했다. 그러면서도 나는 한시도 정치인의 꿈을 놓지 않았고, 나중에 사업을 하면서도 장차 정치를 위한 방편이라고 여겼다. 그래서 사업이 위기에 처했을 때조차 장차 정치하기 위한 기반을 다치는 일을 게을리하지 않았다. 예컨대, 회장으로서 JC(청년회의소) 활동은 빚까지 내가며 할 정도로 열심이었다.

나는 군 제대하고 나서 컴퓨터 방문판매 영업사원으로 사회생활을 시작했다. 영업은 사람을 상대하는 분야인 데다가 좌절감을 겪기 쉬운 만큼이나 성취감을 느끼기 좋아서 내 적성에 딱 맞았다.

처음 한 달은 발바닥에 불이 나도록 돌아다니기만 했지, 한 대도 못 팔았다. 두 달째 들어 우여곡절 끝에 첫 거래를 트고 나자 그다음부터는 거침이 없었다. 영업에 물이 오르면서 다른 영업사원들 평균의 서너 배 실적을 올리니 수입도 그에 따라 올랐다.

영업을 통해 자신감이 충만해지자 내 사업을 하고 싶었다. 처음 손댄 사업은 가구점이었다. 매장은 다른 집에 비할 것도 없이 손바닥만 했지만, 거실 진열장 전문 가구점으로 종목을 특화하고 발로 뛰어 홍보했다. 그야말로 불티나게 팔렸다. 집집이 가구 배치를 유심히 살펴보고 대개 거실 진열장이 없다는 데 착안한 아이디어가 적중한 것이다.

사업이 술술 풀리자 이번엔 다른 사업에 기웃거리면서 영영 문을 닫게 되었다. 휴대폰 매장을 하려다 포기하고 아동용품 가게를 열어 운영하면서 자동차 모형과 바비인형 대리점까지 겸했지만, 빚만 남기고 손을 털었다. 먹는장사는 좀 낫겠지 싶어 갈빗집을 차렸지만, 그도 얼마 못 가서 문을 닫았다.

거듭된 사업 실패로 낙담한 나는 한동안 새로운 사업에 뛰어들 엄두를 내지 못했다. 실패의 가장 큰 원인은 나의 안일한 태도였다. 이런 태도로는 어떤 사업을 해도 끝내 성공하지 못할 것이었다. 나는 실패를 복기하며 절치부심했다.

"

"이 엄동에 심야 보일러까지 안 돌아가면 추워서 어떻게 잠을 잘 수 있겠어요?" 나는 이 한마디에 술자리를 박차고 일어나 달려 갔다. 한참을 씨름한 끝에 수리를 마치고 돌아가려는데 주인아주머니가 붙들어 세우고는 라면을 끓여 내왔다. 지금껏 먹어 본 중, 세상에서 제일 맛있는 라면이었다.

"

한동안 설렁거리던 나는 털고 일어나 새로운 사업으로 보일러 대리점을 열었다. 광주지역의 주택 개량 사업이 본격화하고 새로운 아파트 단지 조성이 속속 진행되고 있었다. 심야 보일러 사업은 AS가 관건이었다. 보일러는 작동 구조가 좀 복잡한 데다가 조금만 이상이 생겨도 일반인이 손보기가 어려웠다. 그래서 겨울이면 24시간 비상 대기를 각오해야 했다.

나는 이런 부분에 주목하여 고객 만족도를 높였다. 다른 대리점들은 퇴근하고 나면 통화 자체가 안 되지만, 나는 24시간 전화기를 열어놓고 시도 때도 없이 수리 민원을 받아 술 먹다가도 달려가고 자다가도 달려갔다.

어느 추운 겨울날, 오랜만에 친구들과 만나 밤늦게까지 술잔을 기울이고 있는데 한 고객이 보일러가 고장 났다는 전화 끝에 한마디를 덧붙였다. 밤 1시였다.

"이 엄동에 심야 보일러까지 안 돌아가면 추워서 어떻게 잠을 잘 수 있겠어요?"

나는 이 한마디에 술자리를 박차고 일어나 달려갔다. 한참을 씨름한 끝에 수리를 마치고 돌아가려는데 주인아주머니가 붙들어 세우고는 라면을 끓여 내왔다. 지금껏 먹어본 중, 세상에서 제일 맛있는 라면이었다. 라면 한 그릇의 온정에 훈훈해져 밖으로 나오니 밤 3시가 가까웠다.

이런 정성 덕분인지 심야 보일러 사업은 날로 번창했다. 그동안의 사업 실패를 만회하고도 장차의 더 큰 사업 기반을 다질 수 있겠다는 확신이 들었다. 사업 하는 재미가 이런 거구나 하는 생각이 절로 들었다.

하지만 이때도 나는 돈을 앞세우지 않았다. 돈만 벌 목적이었으면 이모저모 야박하게 굴었을 수도 있겠지만, 돈보다는 인심을 사기 위해 애썼다. 그 바람에 적잖은 금전 손해를 봤지만, 그조차도 장차의 정치를 위한 투자려니 여겼다.

❝

나는 이래저래 내게 '정치의 시간'이 왔다고 생각했다. 이제야말로 더 늦기 전에 염원해온 일을 해야겠다고 작정했다. 2004년이었다.

❞

참, 한 치 앞을 알 수가 없는 것이 세상일이다. 나만 잘하면 다 되는 줄 알았는데 그게 아니었다. 엎친 데 덮친다고, 보일러 대리점 사업에도 어려움이 닥쳤다. AS팀 직원들이 적잖은 자재를 빼돌려온데다가 공사대금으로 받아놓은 거액의 어음이 부도가 나면서 회사 재정이 급격히 나빠졌다. 가정이 무너지고 사업이 무너지자 내 삶도 무너졌다. 나는 날로 피폐해갔다.

이래서는 안 되겠다 싶어 며칠 강원도 산골로 떠나 심신을 추스른 나는 돌아와 일에 열중했다. 덕분에 보일러 사업은 더 나빠지진 않고 현상유지는 되었다. 그러는 중에 아는 형님의 권유로 동업을 하게 된 건설회사가 실패로 돌아갔다. 그즈음, 정부 정책의 변화로 수익성이 크게 떨어진 보일러 사업을 접고 새로 시작한 냉난방기 사업이 제법 수익을 내면서 자리를 잡아갔다.

그러나 이마저도 내게 허락되지 않은 행운이었을까. 회사 직원 둘이 짜고 무슨 중국의 고수익 아이템이라며 나를 속여 돈을 뜯어갔다. '고수익'에 솔깃하여 사기에 넘어간 내 잘못이지만, 그런 일까지 당하고 보니 사업 의욕이 꺾였다. 그 무렵, 고희를 맞은 아버지는 도의원 3선에 나섰다가 낙선하고는 정치 활동을 접겠다고 선언했다.

나는 이래저래 내게 '정치의 시간'이 왔다고 생각했다. 이제야말로 더 늦기 전에 염원해온 일을 해야겠다고 작정했다. 2004년이었다.

아버지의 정치, 나의 정치

1954년, 해공이 동지들을 규합하여 민주당 창당 준비에 나서자
아버지는 발기인으로 참여했다.
공식적으로 자신의 이름을 걸고 정치에 첫발을 내디딘 것이다.
이승만의 독재정권에 맞선 해공의 민주화 투쟁에 감화를 입은
아버지의 정치 역정은 처음부터 야당의 길이었고, 고난의 길이었다.

"아버지라면 이런 경우에 어떻게 대처했을까?"

십여 년 전에 펴낸《아버지의 깃발》을 시작하는 첫 문장이다. 인생에서도 그렇지만, 특히 정치에서 아버지는 나의 깃발이자 등불과도 같은 존재였다. 그래서 인생이나 정치에서 중요한 문제에 직면하거나 갈림길에 설 때마다 아버지를 사표(師表)로 삼아 스스로 이런 질문을 던지곤 했다. 아버지의 정치 유전자를 물려받은 것인지, 어려서부터 보고 자라나도 모르게 물든 것인지는 모르겠지만 성인이 된 나는 아버지를 너무도 많이 닮아 있었다.

아버지는 1933년생이다. 만주사변을 일으킨 일제의 침략주의가 절정으로 치닫기 시작한 시기에 식민지 백성으로 태어난 것이다. 아버지는 임경업 장군의 직계 후손(평택 임씨)으로 태어난 것에 대단한 자긍심을 갖고 평생을 그에 부끄럽지 않도록 살려고 애썼다.

내가 태어나서 자란 광주군(廣州郡) 초월면(草月面)은 일찍이 큰 인물을 배출했으니, 독립운동가 해공 신익희다. '초월'은 자연과 달빛이 어우러지는 아름다운 풍광으로 인해 얻은 이름이다.

임시정부 요인으로 풍찬노숙하며 독립운동에 헌신하던 해공은 해방 후 귀국하여 고향 광주에서 제헌의회 선거에 출마하여 당선되었다. 초대 국회 부의장에 이어 2대 국회의장으로 활동하면서 대한민국 정부 수립에 크게 공헌한 해공은 이승만 독재정권 타도에 앞장서던 중 1956년

국민의 여망을 업고 민주당 후보로 대통령에 출마했지만, 선거운동 중 심장마비로 급서하여 온 국민을 슬픔에 빠뜨렸다.

아버지가 해공을 처음 본 것은 열대여섯 살 때인 1948년 제헌의회 총선 무렵이었다. 그 만남은 아버지의 인생에서 결정적인 사건이 되었다. 평생을 민주화 운동에 헌신하는 삶으로 이끈 것이다. 그 이후부터 줄곧 해공을 따라다니면서 풀뿌리 민주 운동가의 길로 점점 더 깊이 빠져들었다. 그러면서 아버지는 자연히 해공의 지역 정치 비서 역할까지 충실히 한 것이다.

해공의 지역 방문 소식을 지역 인사들에게 알리는 것은 물론이고 강연회 준비까지 도맡아 해냈는데, 두고두고 전해오는 일화까지 남길 정도였다. 1951년 언젠가는 비가 사뭇 쏟아지는 바람에 예정된 강연회가 취소될 위기에 처하자 아버지가 멍석 여덟 장을 짊어지고 십리 길을 걸어가서 강연장에 깔아놓은 덕분에 해공은 강연을 무사히 마칠 수 있었다.

그렇다고 아버지가 월급이나 활동비를 받는 것도 아닐뿐더러 사소하나마 무슨 다른 혜택을 보는 것도 아니었다. 그런 걸 바라지도 않았다. 그저 해공을 존경하는 마음과 민주정치에 대한 열망에서 우러나서 한 일일 뿐이었다.

1954년, 해공이 동지들을 규합하여 민주당 창당 준비에 나서자 아버지는 발기인으로 참여했다. 공식적으로 자신의 이름을 걸고 정치에 첫발을 내디딘 것이다. 이승만의 독재정권에 맞선 해공의 민주화 투쟁에 감화를 입은 아버지의 정치 역정은 처음부터 야당의 길이었고, 고난의 길이었다.

1957년, 스물넷의 아버지에게 시집온 어머니는 정치적으로 운명공동체가 될 수밖에 없었다. 살림하기에도 고단했을 어머니는 남편이 정치 활동을 하느라 비운 '가장'과 '아버지'의 자리까지 고스란히 받아안아 메워야 했다. 우리는 그것을 흔히 내조라는 이름으로, 장한 어머니라는 이름으로 미화하지만, 우리네 할머니, 어머니는 그런 삶을 숙명으로 받아들여 살았다. 장하기보다 슬픈 일이다.

자유당 정권 시절의 고난은 박정희 군사정권에 비하면 약과였다. 집권 연장을 획책하는 박정희의 3선개헌 시도가 본격화하면서 아버지의 고난은 일상이 되었다. 1969년, 삼선개헌 반대 범국민투쟁위원회(광주 이천 지역) 부위원장을 맡으면서부터다.

이때부터 줄곧 권력기관의 감시와 연행 그리고 공갈과 협박에 시달려야 했지만, 아버지는 그런 것들조차 일상인 듯 의연하게 받아들였다. 그것은 비폭력투쟁으로, 지금 생각해 보니 감시하고 탄압하는 사람들이 오히려 괴로웠을 법한 일이었다.

대학생은 물론 고등학생들까지 동참한 범국민적 개헌 반대 투쟁은 개헌안이 통과된 이후에도 계속되었지만, 박정희는 결국 1971년 대선을 통해 3선 대통령이 되고 말았다. 박정희는 노골적으로 지역감정을 부추기는 한편 조직적인 부정선거를 자행했음에도 불구하고 민주당의 김대중 후보와 득표 차이는 기껏 95만 표였다. 수단을 가리지 않고 가까스로 3선에 성공했지만, 사실상 패배한 선거였다. 대선을 치르면서 김대중의 국민적 인기와 정치적 영향력에 공포감을 느낀 박정희가 김대중을 대놓고 핍박하기 시작하면서 자연히 아버지를 비롯한 야당과 민주화 운동 인사들의 고난은 더욱 가중되었다.

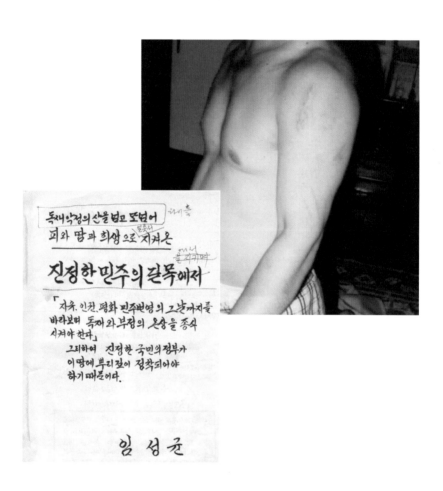

"

광주 대단지 문제는 대선 전에 시작되었지만, 주민들은 그 억울함을 어디 하소연할데도 없었다. 이들과 아픔을 함께하던 아버지는 보다못해 신민당의 유력한 대통령 후보로 떠오른 김대중에게 전화를 걸어 이곳 방문을 요청했다.

김대중의 방문으로 광주 대단지 문제는 비로소 여론의 관심사로 떠올라 언론의 주목을 받게 되었다. 아버지와 김대중의 인연은 이렇게 시작되었다.

"

김대중 신민당 대통령 후보와 함께

말도 많고 탈도 많던 대통령선거가 끝나고 몇 달이 지난 무렵에 '8.10 성남 민권운동'이 터졌다. 당시에는 성남이 광주군에 속해서 '광주 대단지 사건'으로 불렸다. 서울 시내 무허가 가옥 철거가 본격화하면서 광주군 일대로 대거 이주한 주민들이 부실한 도시 기반시설과 행정제도 개선을 요구하며 8월 10일 하루 동안 도시를 점거한 대규모 항쟁이다.

서울시 당국은 도시 빈민가 정비 계획에 따라 밀려난 철거민 10만여 명을 수용하기 위해 경기도 광주군에 대규모 이주 단지를 조성했다. 행정 당국은 대단지 건설을 강행하면서 이주 초기 단지 내 주민들과 전매 입주자들에게 현실을 무시한 갖은 부당한 조치를 강요했다. 부당한 조치를 개선하고 생계 수단을 마련해 달라는 절박한 요구가 수차례 무시당하자 마침내 주민들이 행동에 나섰다.

8월 10일, 서울시장이 주민과의 대화 약속마저 어기자 격분한 주민들이 도시를 점거하고 항쟁에 나선 것이다. 그러잖아도 부정선거의 여파로 민심이 흉흉하고 정권에 대한 반감이 들끓던 때였다. 분위기를 재빨리 감지한 박정희 정권은 이날 오후 서울시장을 통해 이주 단지의 성남시 승격과 함께 주민의 요구를 무조건 수용할 것을 약속함으로써 항쟁의 불을 껐다. 그러나 이 약속은 끝내 지켜지지 않았다.

아버지는 바로 이 역사의 현장에도 실마리로 관여하고 있었다. 이 광주 대단지 문제는 대선 전에 시작되었지만, 주민들은 그 억울함을 어디 하소연할 데도 없었다. 이들과 아픔을 함께하던 아버지는 보다못해 신민당의 유력한 대통령 후보로 떠오른 김대중에게 전화를 걸어 이곳 방문을 요청했다. 김대중의 방문으로 광주 대단지 문제는 비로소 여론의 관심사로 떠올라 언론의 주목을 받게 되었다. 아버지와 김대중의 인연은 이렇게 시작되었다.

“

가혹한 운명은 그 일신의 평안조차 허락하지 않고 더욱 깊은 고난의 수렁으로 밀어 넣었다. 박정희의 유신쿠데타로 헌정이 중단되고 민주주의 운동은 목숨과 바꾸는 일이 되었다. 정권의 지명수배자 명단에 오른 아버지는 탄압의 마수를 피해 신분을 숨기고 전국을 떠돌며 막일로 연명했다. 염전의 인부로도 일하고 산 생활까지 했다.

”

역사에서 가정은 부질없지만, 1971년 대선에서 김대중 후보가 이겨서 민주주의가 회복되었더라면 아버지의 인생은 좀 평안해졌을까? 또 그 정치 역정은 좀 일찍 빛을 보았을까? 가문의 영광 같은 건 없었을지 모르되 적어도 무고하게 잡혀가서 고문당하는 일 같은 건 없이 일신은 평안했을 것이다.

가혹한 운명은 그 일신의 평안조차 허락하지 않고 더욱 깊은 고난의 수렁으로 밀어 넣었다. 박정희의 유신쿠데타로 헌정이 중단되고 민주주의 운동은 목숨과 바꾸는 일이 되었다. 정권의 지명수배자 명단에 오른 아버지는 탄압의 마수를 피해 신분을 숨기고 전국을 떠돌며 막일로 연명했다. 염전의 인부로도 일하고 산 생활까지 했다.

그러다 잡혀서 인천대공분실로 끌려간 아버지는 몇 번이나 까무러쳤다 깨어나기를 반복할 만큼 모진 고문을 당한 끝에 만신창이가 된 몸으로 외진 쓰레기장에 버려졌다. 그들은 죽기를 각오한 아버지에게 결국 아무것도 얻어내지 못했다.

민주회복 운동에 앞장선 아버지는 유신헌법 철폐 투쟁에 더욱 적극적으로 나서고, 그들은 우리 집 앞에 감시초소를 설치하여 24시간 감시에 나섰다.

당시 박정희의 심복으로 권력의 핵을 차지한 차지철의 국정 농단과 전횡은 정권의 몰락을 재촉했다. 아버지는 그런 차지철과 악연이 있다. 차지철은 청와대로 들어가기 전에 광주·이천 지역을 지역구로 여러

번 국회의원을 지냈다. 언젠가 한 번은 총선을 앞두고 생면부지의 사람들이 다짜고짜 아버지를 차에 태워서는 흑석동 중부일보사 건물로 데려갔다. 거기 선거운동 사무실에서 차지철이 기다리고 있다가 대뜸 "이번 선거에서 나를 도우라"고 강요했다. 아버지가 단호하게 거부하자 누군가 다가와서 아버지 이마에 칼을 휘둘렀다. 나중에 알고 보니 차지철의 매부였다. 병원에서 응급 치료를 받은 아버지가 그를 고소하려 했지만, 권력기관의 집요한 방해와 위협으로 고소조차 하지 못하고 주저앉아야 했다. 그렇게 무소불위의 권력을 휘두르던 차지철은 유신의 심장과 함께 꺼졌으니, 권불십년의 옛말이 그르지 않다. 아버지의 그 상처가 평생을 이마에 남아 야만의 권불십년 역사를 증언하고 있다.

규제대책위원회 현지방문

66

1987년, 6월 항쟁의 함성과 최루 가스가 자욱한 거리의 한복판에도 아버지가 있었다. 머리의 계산이 아니라 평생을 가슴이 시키는 대로 살아온 쉰다섯의 아버지는 여전히 가슴 뛰는 청년으로, 6·29 항복 선언이 나올 때까지 뜨거운 항쟁의 현장을 지켰다.

데모하느라 크고 작은 부상을 달고 살던 아버지는 최루탄 파편에 맞아 화상을 입은 채 기진맥진하여 쓰러지기도 했다. 그런 아버지를 업고 병원으로 내달리는 것이 나의 일이었다.

99

1985년, 김대중이 귀국했다. 전두환 군부정권의 총칼에 스러질 뻔하다가 구사일생으로 살아남아 미국으로 망명한 김대중은 군부정권의 협박을 물리치고 수년 만에 귀국하여 민주헌정연구회를 세워 활동했다. 군부정권에 맞서 민주주의를 회복하겠다는 의지를 분명하게 내보인 것이다. 아버지는 여기에 노동위원장으로 참여했다.

아버지는 김대중 귀국 사흘 전부터 귀국을 알리는 플래카드를 만들어 들고 광주지역을 누비고 다녔다. 그 플래카드가 내 기억에는 강렬한 깃발로 남아 있다. 아버지의 깃발. 아버지는 '김대중 선생 귀국 환영회'를 고향 광주에서도 열어볼 작정으로 동분서주했다. 그러나 그 일로 또 어디론가 붙잡혀간 아버지는 모진 고초를 당한 끝에 쓰레기장에 버려졌다.

이후로도 광주지역에 무슨 민주화 운동 관련 집회 개최만 알려지면 아버지는 여지없이 정보기관에 끌려가 집회가 끝날 때까지 모처에 감금당하는 생활이 반복되었다. 어떤 때는 멀리 충북 수안보에 있는 호텔에 감금되기까지 했다.

위에서 시키니까 하는 수 없이 따르겠지만, 일선 경찰이나 정보기관 요원들로서는 한두 번도 아니고 참으로 못해 먹을 짓이라고 속으로 무척 괴로웠을 것이다. 피해자인 아버지는 오히려 담담했다. 그런 일에 이골이 난 까닭도 있겠지만, 천성이 워낙 안의 일을 밖으로 내색하지 않은 성품 때문이었을 것이다.

김대중이 귀국하기 전해인 1984년, 민추협(민주화추진협의회)이 결성되었다. 당시 김영삼은 가택연금 중이었고 김대중은 미국 망명 중이었다. 공동의장에는 김영삼과 김상현을 추대했는데, 김상현은 망명 중인 김대중을 대신한 것이다. 민추협은 반독재 민주화 운동에 참여하는 한편 이듬해 2월의 12대 총선에 대비했다.

김대중이 귀국한 이후에 아버지는 민추협에서 '재해대책위원'으로 활동하면서 광주지역의 민주화 역량을 끌어모으기 위해 갖은 노력을 기울였다. 집 앞에 여전히 24시간 감시초소가 있었지만, 아버지는 그 촘촘한 감시의 눈초리를 절묘하게 피해 서울의 모임이나 시위, 집회에 며칠씩 나갔다 오곤 했다. 감시를 따돌리기가 쉽지 않아서 한번 나가면 아예 며칠씩 일을 보고 돌아온 것이다.

그렇게 한번 나갈 때마다 최루 가스를 잔뜩 뒤집어쓴 채 돌아온 아버지는 최루 가스 후유증을 치료 받아야 했다. 다른 의사들은 대부분 아버지 치료를 꺼렸지만, 두창대 원장님만큼은 언제고 기꺼이 정성껏 아버지를 치료했다. 감시의 눈길은 더욱 촘촘해져서 군 휴가 나온 나조차 마음대로 나다닐 수 없었다.

1987년, 6월 항쟁의 함성과 최루 가스가 자욱한 거리의 한복판에도 아버지가 있었다. 머리의 계산이 아니라 평생을 가슴이 시키는 대로 살아온 쉰다섯의 아버지는 여전히 가슴 뛰는 청년으로, 6·29 항복 선언이 나올 때까지 뜨거운 항쟁의 현장을 지켰다. 데모하느라 크고 작은 부상을 달고 살던 아버지는 최루탄 파편에 맞아 화상을 입은 채 기진맥진하여 쓰러지기도 했다. 그런 아버지를 업고 병원으로 내달리는 것이 나의 일이었다.

비록 대통령 직선제 개헌 항복을 받아내긴 했지만, 아버지는 두고두고 통탄해 마지않았다. "저놈들을 완전히 메다꽂지 못하고 물러나는 것이 원통하구나!"

해방 후 해공이 환국하여 정치활동을 하고 있는데, 일제강점기에 친일을 일삼아 영달한 인사가 찾아와서 넌지시 제안했다.

"선생님, 이쪽으로 오셔서 경기도지사를 한번 하시면 어떻겠습니까?"

해공은 이 말을 듣자마자 그 인사를 냅다 청계천 바닥에 메다꽂아버렸다.

아버지는 이 통쾌한 현장을 직접 본 것처럼 생생하게 들려주었다. 아마 아버지도 해공이 후안무치한 친일 인사를 메다꽂아버렸듯 안하무인의 신군부정권 패거리를 메다꽂아버리고 싶었던 듯하다.

"

그해 아버지는 팔당호 수질 보전 1지구 광주 지정 반대 투쟁위원회 위원장으로 치열하게 활동했다. 지역 발전을 근본에서부터 가로막는 관료들의 탁상행정과 행정 편의주의에 맞서 싸운 것이다. 오늘날 광주지역의 현실이 그때 아버지의 판단이 옳았음을 여실히 보여주고 있다.

"

우리 국민은 1987년 피어린 6월 항쟁으로 대통령 직선제 개헌을 쟁취함으로써 민주주의 회복을 위한 첫 징검다리를 놓았다. 그러나 그해 말 대선에서 양 김이 분열하여 그 징검다리를 건너지 못했다. 김대중은 평화민주당을 창당하고, 김영삼은 통일민주당을 창당하여 각각 출마함으로써 36%의 득표에 그친 민주정의당의 노태우 후보에게 승리를 헌납하고 말아 신군부정권이 연장되었다.

1989년, 아버지는 평화민주당에 입당하여 중앙위원으로 활동하기 시작했다. 그동안 현장의 민주주의 운동에 헌신해온 아버지는 평민당 입당을 계기로 정치 활동의 무게중심을 정당 활동으로 옮겼다. 이제 거리 투쟁보다는 정당 활동을 통한 민주주의 운동이 더 효과적이라고 생각한 게 아닌가 짐작한다.

1988년 총선에서 125:174의 여소야대 국면이 전개되었다. 김대중, 김영삼, 김종필 등 3김이 제각각 이끄는 3야당이 70석, 59석, 35석을 확보하여 164석의 넉넉한 과반의 야권을 형성했다. 대선에서 김대중, 김영삼 양 김의 분열로 신군부정권이 연장되자 국민이 총선을 통해 견제에 나선 것이다.

그러나 분열로 배신당한 국민은 1990년 3당 야합으로 또 한 번 배신당했다. 이번에는 김영삼, 김종필 양 김이 집권당에 붙어 거대 여당을 형성함으로써 민의를 휴짓조각으로 만들었다. 노태우의 합당 제의를 먼저 받은 김대중은 거부하고 나중에 받은 김영삼은 받아들였다. 그때 김영삼은 야합에 응한 변으로 속담을 인용했지만, 끝내 그 속담을 욕보였다.

"호랑이를 잡기 위해 호랑이굴로 들어간다!"

호랑이굴로 들어간 김영삼은 호랑이를 잡는 대신 스스로 호랑이가 되고 만 것이다.

그해 아버지는 팔당호 수질 보전 1지구 광주 지정 반대 투쟁위원회 위원장으로 치열하게 활동했다. 지역 발전을 근본에서부터 가로막는 관료들의 탁상행정과 행정 편의주의에 맞서 싸운 것이다. 오늘날 광주 지역의 현실이 그때 아버지의 판단이 옳았음을 여실히 보여주고 있다.

수질 보전 투쟁위원회 활동

"

임성균이 평생을 어떻게 살아왔는지, 얼마
나 지역을 위해 헌신해온 사람인지 훤히
아는 광주 군민들은 소속 당이나 다른 조
건은 따지거나 묻지도 않고 기꺼이 지지했
다. 그 덕분에 아버지는 1995년의 제1회
동시선거에 이어 1998년의 제2회 동시선
거까지 도의원에 연속 당선했다.

"

1992년 대선 패배 후 정계를 은퇴하고 영국으로 유학을 떠났다가 반년 만에 돌아와 평화운동을 벌이던 김대중은 1995년 6·27 지방선거를 앞두고 1994년부터 사실상 정치활동을 재개하면서 그해 7월에 대국민 사과문을 통해 정계 복귀를 공식화했다. 그리고 그해 9월에 새정치국민회의를 창당하면서 다시 정치 전면에 나섰다.

이때 새정치국민회의 창당 발기인에 이름을 올린 아버지는 마침내 '직업정치인'의 길로 들어섰다. 62세, 환갑 진갑 다 지난 나이지만 민주정치를 향한 아버지의 열정은 식을 줄을 몰랐다. 평생을 무슨 자리나 재물이나 허명을 탐하여 정치 활동을 한 적이 없는 아버지는 본인이 해야 할 일이라고 마음이 가면 남들이야 어떻든 기어이 앞장서서 하고야 말았다. 그 반면에 아버지 개인의 이해가 걸린 일은 행여 다른 사람에게 조금이라도 누가 될까 봐 극도로 삼가고 또 삼갔다.

그래서인지 광주군은 보수 색채가 강한 지역인데도 불구하고 평생을 진보 정치인으로 살아온 아버지에게 보낸 군민들의 신망은 넓고도 두터웠다. 더구나 새정치국민회의는 광주지역에서 '빨갱이 김대중 당'으로 인식되던 시절이었다.

1995년 6·27지방선거를 치르는데, 정치인들이 광주지역에서 새정치국민회의 간판을 달고 선거에 출마하는 것을 꺼릴 수밖에 없었다. 이런 상황이 아버지를 도의원 선거에 나서게 했다. 아버지는 '임성균'이라는 이름 석 자만 내건 채 조직도 돈도 없이 선거에 나섰다. 임성균이 평생을 어떻게 살아왔는지, 얼마나 지역을 위해 헌신해온 사람인지 훤히 아는 광주 군민들은 소속 당이나 다른 조건은 따지거나 묻지도 않고 기꺼이 지지했다. 그 덕분에 아버지는 1995년의 제1회 동시선거에 이어 1998년의 제2회 동시선거까지 도의원에 연속 당선했다. 총선과 격년 선거 간격을 유지하기 위해 제1회 동시선거에 한해 임기를 3년으로 단축하여 치른 까닭에 다음 선거가 1998년에 치러진 것이다.

도의원으로 재직한 7년 동안 아버지는 그 어느 때보다 바쁘게 살았다. 책임감이 몇 배나 더해진 만큼 아버지의 노고도 늘어났다. 김대중 후보 인권 특별위원, 민주평통 자문위원으로 활동에 이어 신익희 기념관 건립 위원회의 중책을 맡아 동분서주했다.

2002년, 고희에 이른 아버지는 제3회 동시선거에도 나섰지만 애석하게도 낙선했다. 하지만, 지나고 보니 그 낙선은 자식이 보기에는 애석하기보다는 다행이라는 생각도 든다. 평생을 간난신고의 삶을 살다가 고희를 맞은 아버지에게, 더구나 무슨 일이고 대충 넘기는 법이 없는 아버지에게, 또 더더구나 여러 다른 일에 관여하고 있는 아버지에게 도의원의 업무는 너무 과중했다. 자칫 건강을 크게 해칠 수도 있었다. 그러니 낙선이 오히려 다행이다 싶은 것이다.

이후로 아버지는 신익희 기념관 관련 일에 열의를 쏟으면서 어려운 이웃의 민원을 보살피는 데도 기꺼이 시간을 내고 품을 들였다.

66

평생을 지조와 품격을 지켜온 아버지의 정치 인생 뒤에는 이런 어머니의 눈물겨운 희생이 있었다. 그러니 아버지가 자랑스럽다가도 미워질 때가 있다. 아버지는 당신의 뜻대로 당신의 인생을 살아서 원도 없겠지만, 어머니는 무슨 죄로 그 고생을 다 했나 싶다.

99

아버지와 인연을 튼 지인들은 아버지를 '임 장군' 으로 불렀다. 타협을 모르고 협잡을 미워하는 우직한 성품의 아버지를 그 조상인 임경업 장군에 빗대 그리 부른 것이다. 임경업 장군의 후손임을 자부하는 아버지로서는 최고 상찬의 별명인 셈이다.

나는 질풍노도의 시기에 툭 하면 쌈박질을 하느라 경찰서에 들락거리곤 했는데, 그때마다 아버지가 동원되었다. 경찰의 감시를 받아오던 아버지가 그 일로 경찰에게 부탁하는 일이 생겼다. 얼마나 자존심이 상했을까. 철없는 자식 탓이다. 경찰서에서 풀려나와 터덜터덜 집으로 들어가면 아버지는 나무라는 말은 한마디도 내지 않고, 늘 한마디 같은 말을 묻고는 미처 대답하기도 전에 들어가 갔다.

"어디 다친 데는 없고?"

나는 이런 아버지의 많은 부분을 존경하고 닮고 싶은 아들이지만, 살림을 꾸려야 하는 어머니로서는 돈을 벌어오기보다는 갖다 쓰는 것이 더 많은 남편 때문에 무척 힘들었을 것이다. 더구나 정치적으로 오래 수난을 겪어온 남편을 수발하면서 남몰래 눈물도 많이 흘렸을 것이다.

고향이 경기 연천으로, 서울 제재소 집 딸로 자란 어머니는 1957년에 스물네 살의 아버지를 만나 결혼했다. 시어머니의 혹독한 시집살이를 겪는 가운데 어머니는 우리 5남매를 낳아 길렀다. 애초에 집안일과 돈 버는 일에는 무심한 남편을 만났으니 혼자서 살림을 짊어지고 그 많은 아이를 다 키워낸 셈이다. 그러느라 어머니는 품파는 일이라면 안 해본 일이 거의 없을 정도였다. 집안 살림에 더해진 노동에 지치고 삭은 어머니의 몸은 급기야 밤이면 끙끙 앓는 소리로 약을 대신했다.

평생을 지조와 품격을 지켜온 아버지의 정치 인생 뒤에는 이런 어머니의 눈물겨운 희생이 있었다. 그러니 아버지가 자랑스럽다가도 미워질 때가 있다. 아버지는 당신의 뜻대로 당신의 인생을 살아서 원도 없겠지만, 어머니는 무슨 죄로 그 고생을 다 했나 싶다.

부모님의 일상

프롤로그

"

2008년, 보궐선거를 통해 제7대 경기도 의회에 진출한 나는 광주의 문제를 교육에서부터 실마리를 풀어보고자 교육위원회에 자원하여 들어가 활동했다. 침체한 광주의 활력을 교육에서부터 찾기 위한 여정에 나선 것이다.

"

나의 정치는 아버지의 깃발로부터 시작되었지만, 정치역정은 아버지와는 사뭇 달랐다. 나는 아버지와는 달리 직장생활로 사회생활을 시작했고, 십여 년간 파란만장한 사업가의 삶을 겪어냈다. 사업가로서의 경험은 이후 내 정치 인생의 큰 자산이었다. 탁상이 아니라 현장에 강한 정치, 명분이 아니라 실질에 강한 정치, 말이 아니라 실천에 강한 정치 스타일은 다 사업 경험에서 비롯했다.

그래서 나는 직업정치의 길로 들어선 이후 거창한 구호나 공허한 담론보다는 지역의 실질적인 발전과 의미 있는 사회 변화 그리고 민생의 안정 방안을 궁리하고 실행하는 데 온 힘을 기울였다.

대표적인 것이 상수원 보호 1권역으로 묶인 탓에 갖은 불편을 감내해야 하는 광주시민의 현실이었다. 광주시는 2001년에 광주군이 시로 승격하여 생긴 도농 복합도시로, 발전 잠재력이 큰 지역이었다. 그러나 상수원 보호 1권역이라는 이유로 큰 건물 하나도 세울 수 없었고, 큰 공장 하나도 유치할 수 없었다.

1권역 지정에 따른 금지 조항을 보면 탁상행정의 모순이 고스란히 드러난다. 240평 이상 건물의 신축 및 증축 금지 조항만 해도 그렇다. 수질 오염물질 배출 정도를 심사하여 시설 허가 여부를 결정하고 사후 위험 관리를 통해 문제를 해결해가야지, 이렇게 일률적으로 시설 크기만으로 묶어 놓고 할 일을 다 했다는 식이면, 작은 시설에서 쏟아내는 오염물질은 어떻게 막을 것인가.

실제로 광주지역에는 폐수정화시설을 제대로 갖출 수 없는 소규모 영세 업체들만 다수 입주하여 오염물질을 쏟아냈다. 이 지역을 흐르는 경안천에서 팔당호로 흘러드는 유량은 전체 유수량의 1.6%에 불과하지만, 오염물질 유입량은 16%나 되었다. 상수원 보호를 위한 규제가 무용지물이 되고 지역 발전만 가로막은 것이다. 행정 편의주의의 탁상행정이 낳은 폐해가 이 지경이었다.

그동안 이 지역을 기반으로 삼아온 정치인들은 민감한 '1권역' 문제를 둘러싸고 무수한 공약(公約)을 쏟아내곤 했지만, 다 공약(空約)으로 그쳤다. 그러나 이 문제 하나를 풀지 못하면 광주가 안은 숱한 문제를 풀 길이 없다. 그래서 나는 이 문제를 근본부터 파고들어 당장 가능한 것부터 하나씩 풀어내면서 변화를 꾀했다. 가랑비에 옷 젖는 전략을 구사한 것이다.

2008년, 보궐선거를 통해 제7대 경기도의회에 진출한 나는 광주의 문제를 교육에서부터 실마리를 풀어보고자 교육위원회에 자원하여 들어가 활동했다. 침체한 광주의 활력을 교육에서부터 찾기 위한 여정에 나선 것이다. 외국 연수를 가든, 다른 지역 출장을 가든 나는 교육 현장부터 꼼꼼히 살피고 질문해가면서 뭐라도 하나 새로 배울까 싶어 신경을 곤두세웠다.

광주지역 교육의 치명적인 문제는 초등학교에 비교해 중·고등학교가 턱없이 적다는 것이다. 아이들 중학교 진학 때가 다가오면 많은 학부모가 좋은 학군을 찾아 이사를 가버리기 때문이기도 하지만, 주민이 수만 명에 이르는 새로운 인구 밀집 지역에 중·고등학교를 짓지 않아서 일어난 현상이다. 초등학교는 28개교, 중학교는 9개교, 고등학교는 8개교다. 학교당 학생 수를 고려하더라도 초등학교 대 중학교 또는 고등학교 비율이 60% 안팎은 되어야 정상인데, 30%도 안 되는 심한 불균형에 빠진 것이다.

그만큼 교육 인프라가 낙후된 것이다. 거기에 교육 불모의 도시라는 인상도 한몫한 것이다. 그러니 학부모 탓할 일은 아니다. 자식들 좋은 교육환경 찾아 좋은 학교 보내고 싶은 부모 마음은 인지상정이다. 그러므로 학부모들이 머물고 싶게 하고 찾아오고 싶게 하도록 교육환경을 개선하고 인프라를 확충하는 것이 답이고 무엇보다 먼저 해야 할 일이다. 이렇게 하여 교육이 살아야 그 지역이 활력을 얻게 된다.

"

이런 나의 구상이 비현실적이라고? 맞다. 우리 교육 환경과 인식에서는 비현실적인 이야기다. 그래서 더욱 해볼 만한 가치가 있는 꿈이고 비전이 아닐까. '현실적'이라면 이미 현실에 있는 것인데, 뭐하러 새삼스럽게 꿈꿀 것인가. 이루고 싶은 꿈이라면 당연히 비현실적이다. 이런 비현실적인 일들이 현실로 이루어질 때 세상이 변하고 더 살만해진다.

"

나는 지자체가 임의로 어떻게 할 수 없는 '상수원 보호 1권역' 핑계만 대면서 손 놓고 있을 게 아니라 그런 불리한 조건을 역발상으로 유리하게 활용할 방안을 구상했다. 광주는 1권역으로 지정되는 바람에 발전이 뒤처졌지만, 거꾸로 생각하면 그만큼 자연환경이 잘 보존되어온 측면도 있다. 그 유리한 측면을 부각하여 환경, 문화, 역사가 살아 숨 쉬는 특성화 교육도시를 만들자는 것이다.

새로 짓는 학교도 중요하지만, 기존의 낙후된 학교를 특색 있는 명문으로 탈바꿈하는 것이 먼저 해야 할 일이고, 우선 할 수 있는 일이다. 남한산초등학교가 그 좋은 사례다. 광주에는 소규모 학교나 분교가 많은데, 남한산초등학교를 비롯한 4개교가 그런 학교로 학생 수가 급격히 줄어들어 폐교 직전까지 내몰렸다. 그러나 동문과 학부모 그리고 학교의 열정적인 노력으로 놀라운 변화를 일으켜 지금은 가장 가고 싶은 명품학교가 되었다.

언젠가 남한산초등학교에서 학부모 모임을 맞아 지역 정치인을 초대했다. 나는 그저 얼굴이나 내보이고 오면 되겠지, 혹 민원이 있으면 들어주면서 함께 저녁이나 먹고 오면 되겠지, 하는 심산으로 참석했다. 그러나 막상 가서 보고는 그토록 안이하게 생각한 나 자신이 부끄럽고 무안해서 몸 둘 바를 몰랐다. 1박 2일 일정의 학부모 워크숍으로, 학부모들이 학생들의 교육과정과 교육환경을 두고 난상토론을 벌이는데 그 뜨거운 열기에 놀란 나는 구석에서 그저 조용히 경청할 수밖에 없었다.

이렇게 교육환경 혁신에 매진하는 한편으로 나는 광주를 청소년 문화 메카로 조성하는 방안을 연구하고 지원하는 일에 나섰다. 다른 도시들이 대개 무슨 관광특구나 먹자골목 조성에는 열심이지만, 청소년을 위한 문화 공간 조성에는 거의 관심이 없다는 데에 착안한 것이다. 게다가 광주는 비교적 유흥가가 번성하지 않아서 청소년 문화 메카 조성에 유리한 청정환경이기도 했다.

교육도시라고 하면 다들 고등교육시설이나 좋은 학군을 떠올리게 마련이지만, 교육은 학교 공부만이 다가 아니다. 물론 학교 공부도 중요하지만, 어울려 노는 것도 그에 못지않게 중요하다. 지식이 아니라 세상을 알아가고 배우는 데는 사실 잘 노는 것이 더 중요하다. 우리 어른들이 그것을 망각하고 아이들에게 공부만 하라고 강요하는 것이다.

나는 광주를 청소년 힙합과 록의 요람으로 만드는 구상을 했다. '청소년 광주 우드스톡' 이다. 전국의 청소년들이여, 제대로 놀고 싶으면 경기 광주로 모여라! 여기 너희가 좋아하는 노래와 춤, 연극과 영화 한마당이 날마다 펼쳐지고 수시로 배틀이 벌어진다. 얼마나 멋진 일인가.

이런 나의 구상이 비현실적이라고? 맞다. 우리 교육 환경과 인식에서는 비현실적인 이야기다. 그래서 더욱 해볼 만한 가치가 있는 꿈이고 비전이 아닐까. '현실적' 이라면 이미 현실에 있는 것인데, 뭐하러 새삼스럽게 꿈꿀 것인가. 이루고 싶은 꿈이라면 당연히 비현실적이다. 이런 비현실적인 일들이 현실로 이루어질 때 세상이 변하고 더 살만해진다.

오늘날 청소년 문화의 대표적인 코드로 여겨지는 힙합만 해도 비현실적인 세계에서 분노를 먹고 피어난 문화의 꽃이다. 폐허의 상처를 덮으며 돋아난 화해의 몸짓이기도 하다.

20세기 초, 미국 뉴욕주 남동부의 자치구 브롱크스는 맨해튼에서 일하는 중산층의 베드타운으로 비교적 풍족한 지역이었다. 그런데 자동차의 보급으로 출퇴근에 따른 이동이 자유로워지면서 중산층이 쾌적한 자연환경을 찾아 거주지를 교외로 다들 옮겨 가는 바람에 브롱크스는 부동산값이 폭락하고 슬럼화하기 시작했다. 더구나 브롱크스를 관통하는 고속도로가 개통되면서 잊혀가는 도시가 되었다. 이에 브롱크스 건물주들이 화재 보험금이라도 타 먹을 요량으로 방화를 사주한 나머지 불바다가 된 브롱크스는 폐허로 변했다. 그 틈을 타 빈민들이 대거 이주해 오면서 브롱크스는 70여 개의 갱단이 판을 치는 최악의 빈민가 무법지대가 되었다.

갱단들 간에 서로 죽이고 죽는 전쟁이 그칠 줄 모르게 되자 갱단들은 평화 협정을 통해 전쟁 대신 춤이든 뭐든 놀이 배틀을 하기로 했다. 그리하여 그들만의 분노 해소를 위한 놀이가 시작되었는데 바로 블록 파티다. 드넓은 광장과 풍성한 자연을 허락받지 못한 그들은 버려진 도시의 뒷골목에서 조악한 악기 연주에 맞춘 기예와 노래와 춤으로 서로 화해를 나누고 분노를 승화시켰다. 힙합의 기원이다.

프롤로그

"

"현장에 답이 있다!"

도정이든 국정이든 지금껏 내가 의정활동
을 해오면서 한시도 잊지 않은 초지일관의
신념이다. 어떤 사안이나 문제가 생기든
나는 즉시 달려가 현장부터 확인하고 해결
방안을 모색해왔다. 주민이 찾아오기를 기
다리지 않고 먼저 주민을 찾아다니며 애로
사항을 묻고 민원을 경청했다.

"

2012년, 4년째 경기도의회 의정활동을 펼치던 나는 더 큰 뜻을 품고 그해 있을 19대 총선에 출마하기 위해 도의원직을 사퇴했다. 그러나 당내 경선을 통과하지 못한 나는 깨끗이 승복하고 20대 총선을 기약했다.

하늘이 도왔는지 20대 총선을 앞두고 광주가 갑, 을구로 분구되면서 나는 자연스럽게 을구의 더불어민주당 후보가 되었다. 광주는 민주당 후보에게 어려운 지역인 데다가 농촌 마을이 대부분인 을구는 당선 가능성이 희박한 험지로까지 분류되었다.

그러나 2016년 총선에 더불어민주당 경기 광주(을) 후보로 출마한 나는 선거구민들의 뜨거운 지지로 여유 있게 당선하여 20대 국회에 진출했다.

국회의원이 되면서 좀 더 장기적이고 포괄적인 안목으로 정치를 할 수 있게 된 나는 정책 역시 그런 안목으로 입안하고 추진하게 되었다. 자연히 고향 광주 발전의 개념을 인식하고 바라보는 생각 역시 변화했다. 발상이 전환된 것이다. 그동안 미련을 두어온 좋지 않은 조건을 과감히 버리고, 미처 주목하지 못한 좋은 조건을 찾아 초점을 맞추자 가야 할 길이 훤히 보였다.

광주가 상수원 보호 1권역으로 지정된 1975년 당시에 그것은 광주의 발전을 가로막는 족쇄로 인식되었다. 실제로도 족쇄로 작용했다. 그래서 보호구역 해제는 40년이 넘도록 숙원으로 남아왔다.

그런데 그새 세상이 바뀌었다. 보호구역 지정 덕분에 수도권에서 가장 청정한 자연환경을 간직한 지역으로 남은 것이다. 보호구역이라는 법적 족쇄에서 벗어난다 해도 이제 자진해서 자연환경을 보존하고 상수원을 보호하는 데 앞장서야 할 판이다.

수도권의 다른 도시는 갖지 못한 건강한 자연생태환경이 광주가 내세울 수 있는 최대 자산이 되었으니, 그에 따라 변화의 목표를 수정하는 것은 당연하다.

나는 광주의 도시 비전을 아이들의 창의력을 북돋는 특성화 교육도시, 도시인의 지친 심신을 청정자연에서 휴양할 수 있는 생태도시, 청소년이 맘껏 놀 수 있는 청소년 문화도시, 전국의 좋은 먹거리가 모두 모이는 농산물유통도시, 오염물질과 공해물질 배출 없는 친환경 첨단산업도시로 삼아 발로 뛰는 현장정치를 펴오고 있다. 이런 비전은 그야말로 꿈같은 일들이다. 그러나 꿈은 깨라고 꾸는 게 아니라 이루라고 꾸는 것이다.

2016년, 초선으로 국회에 들어간 나는 국토교통위원회 소속으로 국민 안전과 서민 주거 안정 대책 마련에 힘을 쏟았다. 국가와 정치의 존재 이유는 바로 국민이 안전하고 행복하게 살도록 하는 데 있다고 믿었기 때문이다. 두말할 것도 없이 당연한 믿음이지만, 이 당연한 믿음을 잊지 않고 실천하기는 참으로 어려운 일이다.

"현장에 답이 있다!"

도정이든 국정이든 지금껏 내가 의정활동을 해오면서 한시도 잊지 않은 초지일관의 신념이다. 어떤 사안이나 문제가 생기든 나는 즉시 달려가 현장부터 확인하고 해결 방안을 모색해왔다. 주민이 찾아오기를 기다리지 않고 먼저 주민을 찾아다니며 애로사항을 묻고 민원을 경청했다. 문제가 터지기를 기다리지 않고 문제가 터질 만한 곳을 미리 찾아 문제를 예방하고자 동분서주했다.

좋은 정치는 사고를 잘 수습하는 데 있지 않고 사고를 사전에 방지하는 데 있다. 또 좋은 정치는 문제를 잘 해결하는 데 있지 않고 사전에 문제의 원인을 해소하는 데 있다.

나는 문제를 잘 해결하는 유능한 정치인을 넘어 문제를 예방하는 좋은 정치인이 되려고 노력했다. 나는 지난 6년간 국회 의정활동을 하면서 20여 차례나 상을 받을 만큼 열심이었다. 상이라고 다 진실은 아니겠지만, 적어도 그 노력을 가늠하는 증표의 하나는 될 것이다.

2011년 수해 현장을 찾아 수해
복구 지원에 함께했다.

아직 갈 길이 먼 '정치' 여정

재선에 성공한 기쁨도 잠시, 갑작스럽게 벌어진 거대한 변화에 대응하고 연착륙을 뒷받침해야 하는 정치적 책임감이 짓눌렀다. 국민의 일상이 바뀌는 대변혁의 소용돌이 속에서 정치가 먼저 변신하여 변화를 선도하기는커녕 여전히 기존의 관념과 방식에 머물러 있다면 국민의 '힘' 이 아니라 '짐' 만 될 터였다.

2020년, 나는 재선으로 국회의원을 연임하게 되었다. 일반인의 삶도 그렇겠지만, 국회의원으로서 나의 정치 활동도 코로나 이전과 이후로 크게 갈렸다. 2019년 12월에 중국에서 발생한 코로나가 이듬해 1월부터 우리나라에도 퍼지기 시작했고, 곧이어 21대 총선이 치러졌다.

재선에 성공한 기쁨도 잠시, 갑작스럽게 벌어진 거대한 변화에 대응하고 연착륙을 뒷받침해야 하는 정치적 책임감이 짓눌렀다. 국민의 일상이 바뀌는 대변혁의 소용돌이 속에서 정치가 먼저 변신하여 변화를 선도하기는커녕 여전히 기존의 관념과 방식에 머물러 있다면 국민의 '힘'이 아니라 '짐'만 될 터였다.

당장 내가 속한 21대 국회 전반기 상임위인 환경노동위원회만 해도 개폐하거나 고쳐야 할 법안이 산더미였다. 코로나가 유행하면서 환경 문제가 근본에서부터 다시 제기되고 노동은 그야말로 대전환점을 맞았다.

코로나 이후 펼쳐지고 있는 변화는 언제고 올 수밖에 없지만, 문제는 우리가 미처 대처하고 적응할 새도 없이 전격적으로 급작스럽게 닥치고 있다는 것이다. 예측하지 못한 토네이도 같은 것이다. 무엇보다 나 같은 정치인은 활발한 대민 접촉을 통해 선거운동도 하고 민의도 수렴하고 정책 설명도 하는데, 오프라인 접촉 자체가 제한되면서 정치 활동의 무대와 개념이 송두리째 바뀌게 되었다. 사회 모든 분야가 온라인 연결과 비대면 커뮤니티에 익숙해지지 않으면 아무것도 할 수 없게 된 것이다.

이제 세상은 온라인화를 넘어 가상공간으로 급속하게 확장되고 있다. 화상통신을 통한 원격교육이나 재택근무에 따른 원격 회의, 온라인 요가, 요리 강습 등이 일상화하고 온라인 체험 환경이 개별 가정은 물론 개인 차원에서 구현되기 시작하고 있다.

이러한 변화는 새로운 기술에 대한 사회적 수용성이 증가하고 변화를 수용하기 위해 근본적인 것까지도 바꿔나가는 동력이 되었음을 시사한다. 급격한 변화에 따른 위기를 기회로 전환하는 핵심이 여기에 있다. 그동안 우리가 가진 경제사회 시스템은 고착화한 것인데, 이런 시스템의 고착은 기존 것을 개선하는 차원에 그칠 수밖에 없는 한계가 있다.

"마차를 아무리 연결해도 철도가 되지 않는다."

혁신에 관한 슘페터의 이 유명한 말은 여전히 유효하다. 아니, 지금이야말로 마차를 버리고 새로 철도를 만들어야 할 때이다.

"

국회의원은 민의를 업고 정치 이상을 현실에서 구현할 법안을 수정하고 새로 만들어 발의하는 일도 중요하지만, 국민에게 희망의 메시지를 전하는 한편으로 시민을 조직하고 선동하여 사회 개혁을 선도하는 일도 중요하다. 연령대로 보면 우리 사회를 떠받치는 중추는 40대와 50대, 즉 4050 세대이다. 나는 그 점을 중시하여 4050특별위원회 설립에 앞장섰다.

"

나는 21대 국회에서 의정활동을 하며 60건에 이르는 법안을 대표 발의했다. 지난 5월 기준 상임위 출석률이 96%, 본회의 출석률이 95%다. 그런데 대표 발의한 법안 가운데 절반이 환경과 노동에 관한 법률이다. 내가 의정활동을 하면서 환경과 노동 문제를 얼마나 중요하게 생각해왔는지 보여주는 증거다. 산업 문명이 발전하고 사회 변화가 심할수록 환경과 노동은 더욱 중요한 문제가 될 수밖에 없다. 환경에는 우리가 숨 쉬고 사는 문제가 달려 있고, 노동에는 우리가 먹고사는 문제가 달려 있기 때문이다.

국회의원은 민의를 업고 정치 이상을 현실에서 구현할 법안을 수정하고 새로 만들어 발의하는 일도 중요하지만, 국민에게 희망의 메시지를 전하는 한편으로 시민을 조직하고 선동하여 사회 개혁을 선도하는 일도 중요하다.

연령대로 보면 우리 사회를 떠받치는 중추는 40대와 50대, 즉 4050세대이다. 나는 그 점을 중시하여 4050특별위원회 설립에 앞장섰다.

4050특별위원회는 정권 재창출을 위한 당의 선봉 역할, 당의 조직 확장을 위한 디딤돌 역할, 국내외 네트워크 구축과 권리당원 배가운동, 4050세대의 정치 참여 촉진 운동으로 민주주의 정착, 세대 간 현안 공유 및 정책의 발굴과 대안 제시, 유능한 청년층 발굴과 육성으로 지방분권 정착, 청년층과 노년층을 잇는 가교 담당 등을 7대 수행 과제로 삼고 세부 실천 지침을 마련하는 데 힘을 기울였다.

2020년 10월, 4050특별위원회가 왕성한 활동 역량을 인정받아 당의 상설특별위원회로 격상하면서 나는 '더불어민주당 4050특별위원회' 위원장에 임명되었다.

이후 4050특별위원회는 전국 조직을 갖춰가는 가운데 정치문화 개선과 정치의식 개혁을 전개하며 당내 범위를 벗어나 우리 정치 발전에 고무적인 시사점을 제공했다. 4050특별위원회는 2022년 대선에서도 정권 재창출을 위한 선봉에서 활약했다. 비록 정권 재창출 노력은 물거품이 되었지만, 이제 더 먼 곳을 바라보고 있다.

윤석열 검찰 정권의 등장을 막지 못해 우리 정치는 퇴행과 반동을 넘어 급기야 실종 상태에 빠지고 말았다. 대통령이 헌법 정신과 민주적 가치를 적대시하는 반동과 분열의 말들을 무슨 진리인 양 선포하며 정치는 팽개친 채 검찰을 전면에 내세워 협박과 폭력만 일삼고 있으니, 국가는 좌표를 잃어가고 국민은 희망을 잃어간다.

정치인은, 특히 나 같은 국회의원은, 더구나 과반의 의석을 가진 민주당은 무도한 정권의 폭주를 견제하고 퇴행과 반동의 현실을 바로잡고 되돌릴 의무가 있다. 국민과 함께라면 못할 것도 없다. 그러려면 나부터 국민의 마음을 얻고 나아가 우리 당이 민심의 여망을 업을 수 있어야 한다.

이래저래 갈 길이 더 멀어졌다.

4050특별위원회 출범식

4050특별위원회 휘장

4050특별위원회 심볼

4050특별위원회 활동

[정政] 이것이 정치다

민주주의는 말의 힘과 설득의 방법을 앞세우고
시민의 적극적인 동의를 기반으로 삼는 체제이기 때문에,
오늘날 민주주의 국가에서 정치는 곧 말이고 말이 곧 정치다.
그러므로 정치인은 말하는 사람이고,
그 말로 갈등을 조정하고 변화를 일으키는 사람이다.

말이 곧 정치다

진정한 정치는 민주주의에서 나오는 것이고, 민주주의는 폭력의 대결 대신 말의 대결이고, 말로 국민을 설득하여 권력을 얻고 권위를 행사하는 것인데, 절차적 민주주의를 쟁취한 지 40년을 바라보는 오늘날 우리의 정치는 말의 실패가 쌓여가면서 심각한 위기에 빠져 있다.

우리는 오랫동안 말이 필요 없는 시대를 살았다. 기나긴 왕조시대는 물론이고, 일제강점기는 더 말할 것도 없고, 이승만 독재정권을 지나 박정희·전두환 군사정권까지 폭력으로 통치하던 시대에는 말은 거추장스러운 요식행위일 뿐이었다.

진정한 정치는 민주주의에서 나오는 것이고, 민주주의는 폭력의 대결 대신 말의 대결이고, 말로 국민을 설득하여 권력을 얻고 권위를 행사하는 것인데, 절차적 민주주의를 쟁취한 지 40년을 바라보는 오늘날 우리의 정치는 말의 실패가 쌓여가면서 심각한 위기에 빠져 있다. 정치의 실종 상태라고 해도 과언이 아니다.

"권위주의자의 실패는 힘을 잘못 사용하는 데서 비롯하고, 민주주의자의 실패는 말을 잘못 사용하는 데서 비롯한다"는데, 공감이 간다. 이승만이나 박정희 같은 권위주의자는 과연 힘을 잘못 사용함으로써 실패했고, 민주주의자를 자처하는 많은 정치인이 설화, 즉 입을 잘못 놀려 낭패하거나 몰락했다.

민주주의는 말의 힘과 설득의 방법을 앞세우고 시민의 적극적인 동의를 기반으로 삼는 체제이기 때문에, 오늘날 민주주의 국가에서 정치는 곧 말이고 말이 곧 정치다. 그러므로 정치인은 말하는 사람이고, 그 말로 갈등을 조정하고 변화를 일으키는 사람이다.

여기서 말하는 '말'은 '실행'에 대립하는 구체적인 계획으로써 말이 아니라 정치의 방향과 정책의 의지와 변화의 내용을 제시하는 '약속'으로써의 말이다. 무엇을 누구를 위해 왜 하는 것인지 묻고 대답하고 설득하는 것이 정치의 본질인데, 바로 그것을 전달하는 수단이 말이다.

"

지도자의 힘은 우선 말에서 나온다. 그 말
이 말다울 때 대중을 설득하고 갈등과 분
쟁을 해결하며 공동체에 희망을 준다. 물
론 여기서 말하는 말은 말에만 그치는 공
허한 말이 아니라 실천을 담보하는 진실한
말을 의미한다.

"

지도자의 힘은 우선 말에서 나온다. 그 말이 말다울 때 대중을 설득하고 갈등과 분쟁을 해결하며 공동체에 희망을 준다. 물론 여기서 말하는 말은 말에만 그치는 공허한 말이 아니라 실천을 담보하는 진실한 말을 의미한다.

말이 대중의 마음을 움직이고, 모두 뜻을 모아 행동하면 말은 말에만 그치지 않고 현실이 된다. 그래서 지도자의 말은 공동체의 안정과 발전에 직결된다. 그러나 그 말이 진실하지 못하고 강고한 실천력으로 뒷받침되지 못하면 거짓말이 되어 공허한 울림으로 흩어지고 만다. 당장 한 표를 얻기 위해 무책임한 말을 쏟아내며 대중을 현혹한다면, 거짓에 휘둘린 공동체는 위험에 빠지고 몰락하게 마련이다. 그래서 지도자는 말을 함부로 해선 안 된다.

정치에서 말은 말로 끝나지 않는다. 말에 근거하여 강제를 다루기 때문에 무서운 것이다. 정치는 당과 정파를 막론하고 시민 모두를 구속하는 공적 결정을 도출하는 과정이다. 법안 하나를 만들어도 공청회부터 입법 제안에 이어 심사까지 다 말로 이루어진다. 그 말이 결론 끝에 누군가를 강제하고 처벌할 수 있는 법이 된다.

권력자, 가령 대통령이 말을 함부로 하거나 실언을 하게 되면 왈가왈부 그때마다 시끄러운 것은 그 말이 갖는 힘 때문이다. 권력자의 말은 우선 정부 부처의 정책에 영향을 미치고 어떤 식으로든 여론의 향방에도 크게 힘을 미친다. 그것이 법률안으로 만들어져 국회로 넘어오면 치열한 논쟁이 벌어지고 국민 여론도 들썩인다.

그 말이 국내 정치에 한정된 것이라면 실언이거나 잘못된 발언에 따른 파급효과도 한정적이겠지만, 외교무대에서 저지른 실언이나 망발이라면 그 책임을 피할 수 없어 엄청난 대가를 치러야 한다.

그러므로 정치인의 말은 그저 형식뿐이 아니라 그 역할의 본질과 내용을 보여주는 핵심이다.

"

갈수록 우리 정치에서는 정치의 말이 가져
야 할 이런 구성 요소가 무시되고 있는 반
면에 아무 내용도 없는 자극적인 막말이나
상대방의 잘못으로 보호막을 치는 구차스
러운 변명 따위가 기승을 부리고 있다.

"

정치인의 말은 아무렇게나 입에서 나오는 대로 내뱉는 막말이 되어서는 안 된다. 아무리 화가 나고 감정이 들끓더라도 욕설이나 험한 말을 앞세워서는 안 된다. 어느 쪽에도 전혀 도움이 되지 않기 때문이다. 무엇보다 정치를 말싸움이 아니라 감정싸움으로 변질시켜버리기 때문이다. 그러니 거르고 또 거르고 걸러서 품격 있는 말로 핵심을 찔러 말하는 것이 중요하다. 그래야 설득력도 갖게 된다.

이런 절제된 말로 다음 세 단계로 말을 구성하여 내놓으면 시민을 설득할 수 있고, 바로 그것이 정치가 할 일이다.

첫째는 지금 우리에게 무엇이 필요한지, 그와 관련해서는 어떤 변화가 필요한지를 제시하는 것이다.

둘째는 그 일을 내가 잘할 자신이 있으니, 한번 믿고 맡겨봐 달라고 요청하는 것이다.

셋째는 그에 따른 불편과 고통에 대해 공감하고 이해해 줄 것을 호소하는 것이다.

그러나 갈수록 우리 정치에서는 정치의 말이 가져야 할 이런 구성 요소가 무시되고 있는 반면에 아무 내용도 없는 자극적인 막말이나 상대방의 잘못으로 보호막을 치는 구차스러운 변명 따위가 기승을 부리고 있다.

특히 윤석열 대통령의 말은 정치인으로서는 최악이다. 중요한 정책이나 인사 문제에서 비판에 직면하면 그 비판에 대해 답을 하는 대신 엉뚱한 변명이나 반문으로 문제의 핵심을 비껴간다. 가령, 박순애 교육부 장관 지명자에 대한 부적격 문제가 떠오르자 왜 적격인지를 설명하는 대신 대뜸 이렇게 변명 삼아 반문했다.

"전 정권에 지명된 장관 중에 이렇게 훌륭한 사람 봤어요?"

음주운전 전과에다가 그에 따른 거짓말까지 일삼은 인사를 국민에 대해 '적격'을 넘어 '훌륭한 사람'이라고 윽박지르는 이 말은 정치인의 말이 아니다. 음주운전 한 번이면 교장도 못하는 현실에서 그런 인사가 교육부 장관이 되면 교육 행정을 어떻게 하겠다는 걸까. 국정의 최고책임자답지 못한 무책임하고 졸렬한 처사다. 더구나 국민을 무시하고 모욕하는 이런 식의 발언이 대통령 입에서 나왔다는 것 자체가 창피한 일이다. 정치가는 공직을 받은 대신 성실하게 설명할 책임이 있다. 질문과 반문은 정치인이 아니라 국민이 하는 것이다.

66

총으로만 하는 줄 아는 전쟁도 이처럼 말에 따라 그 향방이 갈린다. 이처럼 말은 몸이 하는 일의 흐름을 바꾼다. 이것이 바로 정치의 힘, 말의 힘이다. 전쟁 대신에 말로 조정하고 겨루는 것이 외교, 즉 국제정치다.

99

말 한마디로 천 냥 빚을 갚는다는 속담처럼 일상의 사람 관계에서도 말은 중요하다. 심지어 한마디 말이 사람을 죽이기도 하고 살리기도 한다. 정치에서야 말의 중요성은 더 말할 나위도 없다. 특히 위기 국면에서 정치인의 말은 국면을 전환하는 결정적인 계기로 작용하기도 한다. 그래서 아무도 "정치는 곧 말"이라는 데에 이의를 달지 않는다.

고려 성종 시대, 영토 문제를 빌미 삼아 거란이 침공하자 명신 서희가 적장 소손녕과 말로 담판을 지어 전쟁도 피하고 영토도 지키는, 사실상의 대승을 거둔 것은 유명한 이야기다. 총으로만 하는 줄 아는 전쟁도 이처럼 말에 따라 그 향방이 갈린다. 이처럼 말은 몸이 하는 일의 흐름을 바꾼다. 이것이 바로 정치의 힘이다. 외교는 국제정치다. 정치의 말은 역사상 최악의 사태라는 1929년의 대공황도 이겨내게 했다.

1929년에 시작된 대공황이 절정이 달한 1933년 은행의 절반이 파산하고 실업자가 수백만에 이르는 상황에서 대통령에 취임한 프랭클린 루스벨트는 진솔하고 간곡한 연설로 절망에 빠진 미국민을 일으켜 세웠다.

"먼저 저의 굳은 믿음을 말씀드리겠습니다. 우리가 두려워해야 하는 것은 두려움 그 자체입니다. 실체가 없고 비이성적이며 명분도 없는 두려움은 후퇴하는 우리가 전진하는 데 필요한 노력을 마비시킵니다. (대공황이라는) 이 암울한 시간을 통해 진정한 운명이란 우리가 그 운명을 섬기는 것이 아닌 우리 자신과 이웃을 섬기는 것임을 깨달을 수만 있다면, 이러한 시간을 보내는 것도 가치 있을 것입니다. 저는 헌법이 부여한 의무에 따라, 위기에 처한 세상 한가운데 신음하고 있는 국가라면 마땅히 취해야 할 조치를 제안할 준비가 되어 있습니다. 그리고 헌법이 제게 부여한 권한 내에서, 이 조치들 또는 우리 의회가 경험과 지혜를 통해 고안해낸 조치가 빠르게 시행되도록 노력할 것입니다.”

루스벨트의 이 말과 함께 시작된 강력한 뉴딜 정책만으로 미국이 대공황의 수렁에서 빠져나온 것이 아니다. 이 연설에 용기를 얻고 고무된 미국민의 노력이 함께해서 가능한 일이었다. 정치인의 말은 이토록 강력한 힘을 지녔다.

"

왜 정치는 곧 말이라고 하는가. 정치는 말로 하는 인간 활동이기 때문이다. 힘이 아닌 말로 하는 것이 정치요 외교다. 정치인은 가진 게 말밖에 없지만, 그 말로 변화를 일으키는 사람이다. 심지어 미사일과 전투기를 가진 군인도 무력을 쓰기 전에 먼저 말로 무력이 필요한 상황을 예방하고 회피하는 노력을 한다. 역사상 숱한 전쟁이 벌어졌지만, 말로 막은 전쟁이 그보다 훨씬 더 많다.

"

정치가 아닌 보통사람의 일상에서도 말이 험하거나 실없는 사람과는 상종하지 않게 된다. 함께 일을 도모하는 건 더구나 생각할 수도 없다. 험한 말은 증오를 낳고, 실없는 말은 불신을 낳는다. 동행이나 협력 또는 공감의 가능성을 아예 없애버린다.

그러니 말이 곧 정치에서는 더 말할 나위도 없다. 윤석열 대통령이 취임 이후 갈수록 더 말을 함부로 내뱉자 그 측근들이나 여당 인사들도 경쟁이라도 하듯 덩달아 말이 점점 더 나빠지더니 이제는 아무렇지도 않게 뒷골목 양아치나 쓸 법한 상스럽고 혐오스러운 막말로 수시로 금도를 넘어선다. 정치를 외면하고 민주주의를 하지 않겠다는 태도다. 낮은 지지율을 좋은 정치로 만회하려고 노력하는 대신 그저 숨기고 책임 전가하는 데 급급해 분열과 적대의 말로 편을 가르고, 민주적 제도와 공적 시스템을 파괴한다.

왜 정치는 곧 말이라고 하는가. 정치는 말로 하는 인간 활동이기 때문이다. 힘이 아닌 말로 하는 것이 정치요 외교다. 정치인은 가진 게 말밖에 없지만, 그 말로 변화를 일으키는 사람이다. 심지어 미사일과 전투기를 가진 군인도 무력을 쓰기 전에 먼저 말로 무력이 필요한 상황을 예방하고 회피하는 노력을 한다. 역사상 숱한 전쟁이 벌어졌지만, 말로 막은 전쟁이 그보다 훨씬 더 많다. 말은 이처럼 생각보다 많은 일을 한다. 정치에서는 말이 전부라 해도 과언이 아니다.

그러므로 좋은 말이 좋은 정치를 낳고 나쁜 말이 나쁜 정치를 낳는다.

대통령이 노골적으로 사용자를 감싸고 도느라 노조와 노동자를 적대하는 막말을 서슴지 않고, 여당과 보수 언론은 질세라 맞장구치기에 바쁘다. 이에 편승한 극우 유튜버는 가짜 뉴스로 돈벌이까지 한다. 일제강점을 미화하고 독립운동을 폄훼하는 거짓 주장까지 쏠쏠한 돈벌이가 된다. 나쁜 대통령이 나쁜 정치를 낳고 나쁜 정치가 나쁜 사회를 증폭한다. 아니, 나쁜 정치가 아니라 아예 정치 실종 사태에 이르고 있다. 정치가 실종되면 권위주의적인 통치만 남고 민주주의는 없다.

"

말이 나빠지면 말싸움이고 협의고 할 상황
이 사라지고 서로에 대한 비난과 무시 또
는 몸싸움만 남게 된다. 의회 기능이 마비
되는 것이다. 그러면 민주주의가 작동하지
못한다. 민주주의에서 정치는 '말의 힘'을
통해 작동한다. 민주주의는 집권한 정당이
나 세력이 말로써 반대 당이나 세력의 '동
의'를 구해 일하는 체제다. 그러므로 민주
주의는 말이 정치적 규범에 따라 정제되지
않으면 그 가치를 실현하기 어렵다.

"

말을 살려 정치를 살리고 대화와 타협으로 국정의 난제를 풀어가야 할 대통령이 야당을 적대하고 국민의 편을 가르는 분열의 말을 쏟아내고 있다.

대통령의 말이 이 모양이니, 국민의 대의기관이라는 존재 이유를 망각하고 대통령 심기나 살피는 여당 국회의원들의 말도 자연히 따라서 더 나빠져 의회정치가 수렁에 빠졌다. 의회정치에서 좋은 말은 생명이다. 말 한마디의 의미와 가치와 품격을 누구보다 뼈에 새겨야 하는 사람은 민의를 대변하는 국회의원이다. 민주주의의 보루인 의회가 복수의 정당, 복수의 정치 세력으로 운영되는 이유는 좋은 말로 싸우고 좋은 말로 협의하여 합의점을 찾아 정책을 마련하고 민의를 하나로 모으라는 것이다.

말이 나빠지면 말싸움이고 협의고 할 상황이 사라지고 서로에 대한 비난과 무시 또는 몸싸움만 남게 된다. 의회 기능이 마비되는 것이다. 그러면 민주주의가 작동하지 못한다.

민주주의에서 정치는 '말의 힘'을 통해 작동한다. 민주주의는 집권한 정당이나 세력이 말로써 반대 당이나 세력의 '동의'를 구해 일하는 체제다. 그러므로 민주주의는 말이 정치적 규범에 따라 정제되지 않으면 그 가치를 실현하기 어렵다. 상대하는 정당이나 정치 세력과의 경쟁이나 합의를 위해서는 성실한 준비 자세와 책임 있는 대화 태도가 필요하다. 정작 이런 정치의 본령은 팽개친 채 극렬 지지층의 적대행위에 편승하거나 상대를 모욕하기 위해 여론몰이나 일삼는 행태는 정치를 포기하겠다는 선언이나 마찬가지다.

독단의 정치를 일삼다 보니 협동체인 여와 야는 있지만, 그 사이는 협동이 파고 들어올 틈조차 없이 굳어 있다. 야유하는 말로 서로를 공격하는 것이 습성이 되다 보니 정치는 갈수록 저급해지고 민주주의는 형식만 남고 내용은 메말라간다. 이렇게 민주주의가 퇴행하면서 정치가 민의에서 멀어지고 정치인들의 이해관계만 거래되는 아수라판이 된다.

일찍이 수사학에서는 정치의 말이 가져야 할 덕목 세 가지를 제시했다. 먼저, 말의 내용에 책임을 져야 한다는 것이다. 그다음으로는, 듣는 상대방을 존중하라는 것이다. 끝으로는, 말하는 당사자의 품격을 지키라는 것이다. 말하는 사람의 권위와 신뢰는 그 품격의 힘에서 비롯한다.

어느 경제학자가 말하기를 "민주주의는 회사 문 앞에서 멈춘다"는데, 그 말도 우리 현실에서는 지당하지만, 민주주의의 실패는 말의 실패에서 비롯한다.

오늘날까지 이어지고 있는 극단적인 지역감정은 역대 영남을 기반으로 삼아온 독재정권이 기획하고 조장한 음모의 산물이다. 이제는 검찰을 전면에 내세운 대통령과 정부 그리고 여당의 국회의원들이 거기에 더해 혐오와 분열의 언어로 청년 남녀를 가르고 노사를 가르고 정규직과 비정규직을 가르는 것도 모자라 색깔론까지 소환하여 정치를 되돌릴 수 없는 양극화로 몰아가고 있다.

2004년, 연방 상원의원에 당선된 오바마는 점점 더 심해지는 미국 사회의 양극화 구조를 경고하는 신랄한 연설을 남겼다. 미국을 빨간 주와 파란 주로 나누고 싶어 안달이 난 정치 기술자들에게 경고를 날린 것이다.

"우리가 말하는 동안에는 우리를 갈라놓을 준비를 하는 사람들이 있습니다. 정치라면 뭐든 받아들이는 언론 담당자들과 부정적인 광고를 하는 사람들이 그들입니다."

정치만이 바꿀 수 있다

사회 모든 분야가 3년이 멀다 하고 급변하는 가운데 정치만 30년이 훌쩍 넘도록 낡은 외투를 걸치고 있으니, 그 정치로 무엇을 변화하고 바꾸고 날로 복잡해지는 문제를 해결할 수 있다는 말인가. 특히 정당 체계는 일인 보스 중심의 구조를 여전히 벗어나지 못하는 구태를 입고 있다.

무엇이 현실을 바꾸고 난제를 타개할 것인가? 정치가 답이라는 것은 다 알고 있지만, 왜 실현되지 못하고 있는가? 신군부정권에 맞서 최소한의 절차적 민주주의를 쟁취한 헌법 체제가 1987년 개정 헌법, 즉 87체제다. 미봉책의 과도적 체제인 데다가 모든 것이 급변하는 현대 사회에서 35년이나 지난 낡은 체제다. 사회 모든 분야가 3년이 멀다 하고 급변하는 가운데 정치만 30년이 훌쩍 넘도록 낡은 외투를 걸치고 있으니, 그 정치로 무엇을 변화하고 바꾸고 날로 복잡해지는 문제를 해결할 수 있다는 말인가.

특히 정당 체계는 일인 보스 중심의 구조를 여전히 벗어나지 못하는 구태를 입고 있다. 그때는 권위주의적 군사정권에 맞서 싸워야 해서 보스를 중심으로 일사불란한 대오를 유지하는 강력한 야당이 필요했다는 명분이라도 있지만, 지금은 어떤가? 그런 과정에서 굳어버린 기득권을 포기하지 못해 시대적 변화의 요구를 어영부영 뭉개온 것이 아닌가. 이 지점에서는 거대 양당의 이해가 맞아떨어져 국민의 변화 요구가 분출하고 있는데도 본격적인 논의조차 한번 해보지 못하고 이런저런 핑계를 대며 시간 끌기로 일관해온 것이 아닌가 말이다.

미국 의회가 로비스트들의 놀이터 같지만, 그것은 일면만 부각한 편견이다. 미국 의회는 의원들 사이에 우리처럼 보스나 졸개의 개념이 작동하지 않는다. 지금 우리 정치를 보면 여당인 국민의힘은 윤석열 대통령이 당정 분리의 원칙을 가볍게 무시한 채 실질적인 일인 보스를 자처한 가운데 그 보스의 뜻을 충실히 받들어 기꺼이 바지사장이 되겠다는 의원이 대표로 선출되었다. 야당인 민주당은 그나마 민주주의의 가치를 존중하고 실현하려는 대통령을 배출하면서 진일보한 정당의 면모를 갖춰가고 있긴 하지만, 아직 갈 길이 멀다.

미국 의회의 의원은 각자가 책임 있는 헌법기관으로 민의 받들어온 전통과 자부심이 쌓여 특정 일인 보스의 등장을 좌시하지도 않을뿐더러 혹 영향력이 큰 거물 정치인이 보스 노릇을 하려고 해도 그에 쉽게 휘둘리지 않는다. 가령, 정치에 문외한인 트럼프가 공화당 후보로 나와 대통령이 되었지만, 그가 미국의 이익이나 기존의 정치 시스템을 벗어나서 자기 마음대로 할 수 있는 일은 거의 없었다. 더구나 평생을 정치인으로 살아온 노회한 바이든조차 대통령이 된 이후 정책 하나를 시행하려 해도 의회와 끊임없이 접촉을 유지하면서 설득하고 또 설득해야 한다. 야당인 공화당은 물론이고 여당인 민주당도 크게 다르지 않다. 당론이라는 것이 없으니, 하원이든 상원이든 여야 원내대표가 어떤 정책에 합의할 수도 없지만 혹 그런다고 해서 끝나는 것이 아니다. 판단과 선택의 열쇠는 개별 의원들 각자가 쥐고 있다. 민의를 대변하라고 국민이 위임한 이 권한은 아무도 간섭하거나 건들지 못한다. 만약 그런 일이 생긴다면 그것은 민주주의를 파괴하는 중대한 범죄가 된다. 이것이 바로 의회민주주의 면모다. 그리고 보면 우리나 일본의 정치는 아직 의회민주주의의 걸음마도 떼지 못한 상태다. 의회에서 의회민주주의가 실현되면 정당 민주주의는 저절로 이루어질 것이다.

1장 [정政] 이것이 정치다

"

왜 우리의 정치는 국민의 행복지수를 높이기는커녕 깎아 먹고 있는 걸까? 흔한 말로 정치가 국민을 걱정해야 하는데, 오히려 국민이 정치를 걱정하게 생겼으니 그런 것이다. 정치가 시대에 맞지 않은 낡은 옷을 입은 채 정치인 자격이 없는 사람들이 대거 정치의 자리를 차지하게 만들어 스스로 망가지면서 자기 존재 이유를 상실한 탓이다.

"

미국의 시사주간지 USNWR(US News & World Report)는 해마다 세계 주요 86개국에 세부 기준을 적용하여 순위를 매겨오고 있는데, 강력한 나라 또는 좋은 나라 같은 항목이 기준으로 설정된다. 가령, 강력한 나라는 다른 나라에 얼마나 크게 영향을 미치며 얼마나 신뢰받는 나라인가를 말한다. 2022년, 이 기준에서 한국은 8위의 일본을 제치고 '강력한 나라' 6위에 올랐다. 미국, 중국, 러시아, 독일, 영국 다음이다.

그러나 아직 좋아하기는 이르다. 얼마나 좋은 나라, 즉 국민이 행복한 나라 기준에서는 20위에 머물렀다. 공산당 일당 독재 국가인 중국(17위)만도 못하다. 왜 그럴까?

바로 국민을 열 받게 만드는 후진적인 정치 때문이다. 이 리포트가 주목하는 것도 정치인데, 국민 행복지수에 가장 큰 영향을 미치는 것이 그 나라의 정치라는 사실이다. 스위스, 영국, 미국, 스웨덴 등 국민 행복지수가 높은 10개국의 공통점은 하나, 즉 의회민주주의가 제대로 작동하여 원활하게 돌아간다는 것이다. 민의를 제대로 수렴하는 민주적 정치체제가 제대로 작동하고 있다는 사실이다. 이 리포트의 국민 행복지수에 따르면, 우리나라 민주주의의 정치 현실은 공산당 일당 독재보다 못하다는 얘기가 된다.

그렇다면 왜 우리의 정치는 국민의 행복지수를 높이기는커녕 깎아먹고 있는 걸까? **흔한 말로 정치가 국민을 걱정해야 하는데, 오히려 국**

민이 정치를 걱정하게 생겼으니 그런 것이다. 정치가 시대에 맞지 않은 낡은 옷을 입은 채 정치인 자격이 없는 사람들이 대거 정치의 자리를 차지하게 만들어 스스로 망가지면서 자기 존재 이유를 상실한 탓이다.

흔히 우리 정치의 고질적 문제를 들라 하면 '제왕적 대통령제' 운운하는데 보수 언론이 프레임을 짠 선입견에 따른 막연한 추론일 뿐이다. 대통령제 자체가 제왕적일 리는 없다. 엄격한 삼권분립 및 의회민주주의와 정당 민주주의가 뿌리를 내리지 못한 탓에 대통령의 법적 권한을 벗어난 영향력 행사를 견제하지 못해서 일어난 일이지 대통령제 자체에 문제가 있는 것이 아니다. 그렇지 않다면 미국 역시 대통령제 정치 체제인데 '제왕적'이라는 말이 나오지 않는 것은 왜 그런가?

우리나라의 정체 체제는 대통령제라지만, 완전한 대통령제가 아니라 어정쩡한 대통령제여서 오히려 대통령의 영향력을 법적 권한 내에서 제한하기가 더 어려운 구조다. 대통령제의 탈을 쓰고 의회와 정당의 운영은 내각제에 가깝기 때문이다. 국회의원이 각료를 겸할 수 있는 것도 내각제 요소다. 국방, 외교, 행정 등 국정의 주요 권한이 대통령에게 몰린 대통령제에서는 입법부의 강력한 견제력이 필요하므로 국회의원이 각료, 즉 행정부의 장을 겸한다는 것은 삼권분립을 심각하게 훼손하는 모순이다.

우리 정치의 문제는 정치체제나 정당의 문제도 크지만, 국회의원의 자질 부족 문제는 심각한 수준이다. 물론 능력이나 품성보다는 충성도에 따라 공천이 좌우되는 정당 구조의 문제가 바탕이긴 하지만, 하나 더 빼놓을 수 없는 문제는 유권자의 정치의식이다. 국회의원으로서 자질이나 정책 성향이야 어떻든 특정 지역에서는 특정 당 소속 후보에게만 표를 몰아주는 역사가 되풀이되다 보니, 텃밭이니 험지니 하는 말이 자연스럽게 오간다. 그래서 급기야는 특정 지역에서는 특정 당 깃발만 달면 막대기를 꽂아도 당선된다는 말이 나올 정도다. 그러니 많은 지역구가 당의 공천이 바로 당선이나 마찬가지이므로 보스에 대한 충성 경쟁으로 공천에 목을 매는 것이다.

그러니 당정 분리가 분명하게 요구되는 현대의 정당을 기반으로 삼은 의회정치에서 행정부의 수장인 윤석열 대통령이 법적 공천권을 가진 당의 대표를 자기 사람으로 앉히려고 노골적으로 전당대회에 개입한 것도 염라대왕보다 무서운 '공천권'을 손에 쥐고 당을 완전히 장악하려는 속셈이다. **현재도 국회의원에 검사 출신이 너무 많지만, 다음 총선에서는 훨씬 더 많은 검사가 국민의힘 후보로 공천을 받아 대통령의 친위대를 자처할 것이 염려된다. 그러잖아도 불안한 민주주의가 그나마 이루어놓은 토대마저 와르르 무너질 위기에 처한 것이다.**

"

사회학자 임재성의 일갈이 가슴에 와
닿는다.

"우리 현실의 근본 문제를 해결하는 데 도
움이 되는 것은 법적 책임이 아니라 정치
적 책임을 따지고 묻는 일이다."

그렇다. 법이 할 수 없는 일이 있고, 그 할
수 없는 일이 더 중요하다. 하지만 우리 현
실은 정치가 사법화되면서 정치가 해야 할
일도 법에 맡겨온 나머지 정치가 없어지고
법정만 남게 되었다. 그래서 정작 중요한
문제를 해결하지 못하게 되고 만 것이다.

"

우리 사회의 문제를 정치만이 바꿀 수 있다는 데는 우리 유권자들도 대체로 동의하는 바이다.

그리고 투표를 통해 그런 정치를 바꿀 수 있다는 데 유권자 10명 가운데 7명 이상이 동의했다.

"투표를 통해 우리나라 정치를 바꿀 수 있다고 생각하는가?"

이 질문을 두고 '바꿀 수 있다'고 대답한 유권자가 2015년 재보궐선거를 앞두고 실시한 설문조사에서는 52%, 2017년 대통령선거를 앞두고 실시한 설문조사에서는 68%, 2022년 대통령선거를 앞두고 실시한 설문조사에서는 74%로 투표에 대한 효능감이 점점 더 높아져 왔다. 투표를 통한 정치 변화 가능성에 대해 갈수록 더 많은 유권자가 긍정한 것이다.

2022년의 경우, 지지 정당별로 보면 더불어민주당 지지층의 75%, 국민의힘 지지층의 82%가 투표로 정치를 바꿀 수 있다고 대답해 정의당·국민의당 지지층(69%)이나 무당층(57%)보다 투표에 대해 높은 효능감을 보였다.

게다가 평소에 대화 자리에서 자신의 정치적 견해를 밝히는 편이라고 대답한 유권자도 점차 늘어나는 추세여서 우리 정치 변화를 위해서는 긍정적인 신호로 읽힌다.

그러나 유권자들이 이런 인식과는 달리 정치인들은 아직 우리 사회를 정치로 바꾸고 정치적으로 책임질 자세가 되어 있지 않은 것 같다.

1장 [정政] 이것이 정치다

대통령이 해외에 나가서 외교 참사를 일으켜 국익을 심대하게 손상하고도 사과는커녕 해괴한 변명이나 일삼으면서 그 잘못을 지적하는 언론이나 야당에 적반하장으로 책임을 돌리는 일이 되풀이되고 있다. 어디 그뿐인가.

지난해 10월 29일에 일어난 이태원 참사를 두고도 저게 어디 정부인가 싶을 정도로 한심한 언사와 작태를 보였다. 참사 다음 날, 이상민 행정안전부 장관은 귀를 의심하게 하는 말을 국민 앞에 태연히 지껄였다.

"경찰이나 소방 인력을 미리 배치함으로써 해결될 수 있었던 문제는 아니었던 것으로 지금 파악을 하고 있고요."

사실관계 자체도 틀렸지만, 설령 사실관계가 맞다 해도 관계부처의 최고책임자가 할 말은 아니다. **이 참사는 엄연히 국가의 실패이자 치안의 실패이다. 실패에 대해 사과하고 실패의 원인, 즉 진상을 철저하게 규명할 것을 약속하는 것이 먼저여야 했다.**

그런데 300여 명의 사상자를 낸 대형 참사를 두고 책임에서 가장 가까운 정치인인 관계 장관의 첫마디가 자기 책임 회피 발언이라니, 우리의 국가와 정치 수준이 어쩌다 이리 나락으로 떨어지고 말았을까?

이후로도 정부와 여당은 책임을 묻는 국민의 질문에 '경찰 수사 이후'라는 말만 앵무새처럼 되풀이했다. 법적 책임이 없으면 아무 책임도 지지 않겠다는 대답이나 마찬가지다. 이런 경우 법적 책임, 즉 범죄로 인정되는 행위의 범위는 극히 제한적이다. '경찰 수사'라지만, 경찰은 범죄로 의심되는 행위에 대해서만 수사할 수 있을 뿐 구조의 결함이나 인식의 부재, 즉 정치적 책임 여부는 조사할 수도 판단할 수도 없다.

누가 조사를 받았는지, 대통령이 누구에게 어떻게 격노했는지, 누구에게 영장이 발부되었는지 하는 따위의 시시콜콜한 뉴스로 몇 달이 흐르면서 만만한 일선 기관장에 대한 조사와 처벌만 남고 정작 책임져야 할 수뇌들에 대한 조사와 책임 추궁은 자연스럽게 사라졌다. 대통령부터 이런 상황을 만들고 거들었지만, 당사자들은 더 뻔뻔스럽다. 이상민 장관의 책임 회피에 이어 윤희근 경찰청장도 수사 결과에 따라 그에 상응하는 처신을 하겠다고 발뺌하고, 박희영 용산구청장도 수사와 재판 결과에 따라 책임질 부분이 있다면 책임지겠다며 발뺌했다. 국가의 실패로 인한 대형 참사가 터졌는데도 대통령부터 장관에 이어 구청장까지 아무도 책임지기는커녕 사과조차 하지 않았다. 이에 대해 사회학자 임재성의 일갈이 가슴에 와 닿는다.

"우리 현실의 근본 문제를 해결하는 데 도움이 되는 것은 법적 책임이 아니라 정치적 책임을 따지고 묻는 일이다."

그렇다. 법이 할 수 없는 일이 있고, 그 할 수 없는 일이 더 중요하다. 하지만 우리 현실은 정치가 사법화되면서 정치가 해야 할 일도 법에 맡겨온 나머지 정치가 없어지고 법정만 남게 되었다. 그래서 정작 중요한 문제를 해결하지 못하게 되고 만 것이다.

민주주의, 오래 걸리지만 오래가는 변화

자유롭고 평화로운 인간 삶이 계속되려면 좋은 정치, 좋은 정부를 위한 끝없는 노력이 필요하다. 그런 좋은 정치, 좋은 정부의 전통을 잇는 민주주의, 즉 오래가는 변화를 실현하려면 오랜 시간이 걸린다.

인류 역사에서 민주주의의 전통은 다른 정치체제에 비하면 역사가 그리 길지 않다. 고대 그리스 아테네의 민주정을 들어 그 연원이 유구하다고 주장할 수도 있겠지만, 노예와 여성을 제외한 '남자 시민'만이 참여할 수 있는 한정된 체제로 근대에 태동한 보편적 민주주의와는 거리가 있다. 더구나 아테네 민주정은 소규모 도시국가 단위의 직접 민주정으로, 오늘날 대규모 국가 단위의 대의제 민주정과는 그 과정의 복잡성과 문제의 다양성에서 비교할 바가 아니다.

그나마 서구 근대 민주주의 전통은 그 시작을 미국의 독립과 프랑스 혁명으로 상정하면 150년에 이르지만, 우리의 경우는 서구의 근대화 시기까지 지속한 폐쇄적 봉건 체제에 뒤이은 서구 열강의 침탈과 일제 강점으로 근대화의 과정이 생략됨으로써 실질적인 민주주의 전통은 길게 잡아도 해방 후 70여 년에 불과하다.

그런데도 우리의 민주의의는 세계사적으로 유례가 없을 만큼 짧은 기간에 비약적인 성취를 이루었다. 적어도 헌법상의 절차적 민주주의는 아시아를 넘어 서구 선진국의 민주주의에 비견될 만큼 높은 수준에 이르렀다고 할 수 있다. 그러나 그 절차를 채우는 구체적인 내용과 수준은 아직 갈 길이 멀다. 하지만 민주주의의 성격이나 역사로 볼 때 민주주의의 실질을 채우는 일에는 비범한 인내와 긴 시간이 필요하다. 알다시피 서구의 민주주의 선진국이라도 처음부터 민주주의를 손쉽게 뿌리내려 제대로 실행한 나라는 없다. 민주주의 정체의 작동 이전에 그것을 이해하고 토대를 만드는 데만도 긴 시간이 필요하다. 하물며 그 체제를 운용하고 그에 적응하는 데 걸리는 시간이야 말할 것도 없다.

게다가 민주주의 정치 전통이 튼튼하게 뿌리를 내리기도 전에 우리의 의식을 갉아먹고 있는 '정치'에 대한 불신과 회피 그리고 혐오 문제를 불식해야 할 시간까지 필요해졌다. 이 문제를 풀지 않고서는 실질적인 민주주의는 한 걸음도 더 앞으로 나가기 어렵다.

정치가 밥 먹여주냐는 반문부터 시작해 정치는 더러운 것이라는 부정적 인식과 정치하는 놈들은 다 똑같다는 악의적인 일반화까지 광범위하게 퍼져 정치에 대한 무관심을 부추기고 있는 현실, 즉 보통 시민의 삶과 동떨어져 있는 정치와 민주주의에 대한 의식은 오늘날 우리가 안고 있는 정치 현실이다.

어쩌다 이렇게 된 걸까. 무엇보다 정치를 혐오하게 만든 정치인의 행태와 또 그 혐오를 부추겨온 정치인의 말에 가장 큰 책임이 있다. 그리고 정치와 민주주의로부터 멀어진 일상에서 사람들은 오히려 그에 대한 성급한 기대와 실망의 악순환을 경험하면서 끝내는 기대를 접는 방식을 무관심과 혐오로 표출한 데서 비롯한 것이다.

변화에는 어떤 변화가 되었든 익숙한 것을 저버리고 기득권을 깨는 것이므로 저항이 따르고 시행착오가 있게 마련이다. 더구나 정치의 변화는 권력의 내용과 작동 체계를 바꾸는 것이므로 더 강력하고 복잡한 이해관계를 관통해야 하는 어려움이 따른다. 당연히 긴 시간이 필요한 일이고, 그 변화가 더 오래가도록 제대로 변화할수록 그만큼 더 긴 시간이 필요하다.

민주주의 정치체제는 시민의 자발적 지지로 구성된 정부가 시민의 자발적 동의로 수립된 법에 따라 부여된 권한을 사용하여 정치 공동체의 생존과 안녕을 위해 복무하는 정치체제라고 할 수 있다. 시민으로부터 승인받은 강제력을 통해 국가를 운영하는 것이다.

그렇다면 그런 강제력조차 없는 체제, 즉 모든 개인이 자유롭고 평등하며 외부로부터의 그 어떤 억압도 없는 자연 상태라면 평화로운 인간 삶은 실현될 수 있을까. 이런 세상을 꿈꾼 아나키즘이 19세기 말에서 20세기 초의 한 시절을 풍미했다. 아나키즘은 자본주의에 대한 반발에서 일어난 만큼 평등을 중시하는 한편, 국가와 권력에 반대하여 자유를 추구한다는 점에서 공산주의와도 대립하며, 새로운 대안을 공동체 자치에서 찾았다.

그러나 작은 마을 단위의 원시 공동체가 아닌 이상 자연 상태에서 평화로운 인간 삶을 실현하기는 거의 불가능하다. 오늘날처럼 대규모 사회를 이루어 사는 순간 좋은 질서를 만드는 문제는 우리 인간의 숙명이다. 누군가가 땀 흘린 노동의 결과를 힘이나 속임수로 빼앗으려는 인간이 승자가 되는 것을 막으려면, 시민이 승인하고 시민 모두에게 구속력을 가진 공권력이 있어야 한다. 법과 규칙을 정하고 이를 운영하고 집행하는 정부가 있어야 한다는 말이다.

선량한 사회구성원을 흔히 법 없이 살 수 있는 사람이라고 하지만 법 없는 사회는 유지되기 어렵다. 모두에게 공평하게 적용되는 법이 제대로 작동해야 법 없이 살 수 있는 사람도 안전해지고 많아진다. 자유롭고 평화로운 인간 삶이 계속되려면 좋은 정치, 좋은 정부를 위한 끝없는 노력이 필요하다. 그런 좋은 정치, 좋은 정부의 전통을 잇는 민주주의, 즉 오래가는 변화를 실현하려면 오랜 시간이 걸린다.

66

정당과 정치인들이 의회정치를 도외시한 채 집단 증오와 적대의 목소리에만 귀 기울이게 되면 국정의 중요한 문제들이 이성이나 합리성보다 열정이나 정념에 휘둘리기 쉽다. 이런 식의 민주주의 방식에서는 정치의 역할이 들어설 공간이 없어지는 것이다.

99

"대한민국은 민주공화국이다."

우리나라 헌법 제1조 1항이다. 보다시피 우리나라는 민주공화국의 정체를 채택하고 있다. '민주'는 독재에 반대하는 의미이고, '공화'는 세습제에 반대하는 의미이다. 그러므로 당연히 대한민국의 주권은 국민에게 있고, 모든 권력은 국민에게서 나온다.

오늘날의 민주주의는 기본적으로 공화주의라는 대의제에 기반을 두고 운영되는 체제인데, 대의제의 약점을 보완하기 위해 주민소환제 같은 직접 민주주의 요소를 일부 가미하고 있다. 그런데 정당들이 서로 상대 정당을 정치의 파트너로 인정하지 않아 의회민주주의가 실종되면 대중 선동의 폐해를 막기 어렵게 된다.

오늘날 우리 정치에서 보는 것처럼 집단 증오와 적대가 만연하여 정치 실종 상태에 빠지게 된다. **정당과 정치인들이 의회정치를 도외시한 채 집단 증오와 적대의 목소리에만 귀 기울이게 되면 국정의 중요한 문제들이 이성이나 합리성보다 열정이나 정념에 휘둘리기 쉽다.** 이런 식의 민주주의 방식에서는 정치의 역할이 들어설 공간이 없어지는 것이다. 정치인들 스스로 공화정의 정체를 위반하고 부정하는 셈이다. 이래서는 시민의 삶을 실제로 나아지게 하는 좋은 정책을 도출할 수도 실현할 수도 없게 된다.

민주주의는 좋은 이념이지만, 그 좋은 이념이 실현되려면 좋은 정치가 필요하다. 정치가 좋아야 민주주의도 좋다는 말이다. 대통령은 물론이고 정당과 국회의 기능과 역할이 좋은 정치인들에 의해 구현되지 않으면 좋은 시민도, 좋은 민주주의도 있을 수 없다는 것은 자명한 사실이다.

이런 공화적 질서가 중요한 이유는 시민의 대표로 뽑힌 복수의 정치집단이 정당을 조직하여 통치권을 두고 경쟁하는 한편, 정당을 통해 시민의 다양한 의견을 조직하고 표출하고 대표하면서 서로 치열하게 논쟁하고 숙의한 끝에 합의로써 변화를 이뤄내는 것이 민주주의의 본령이기 때문이다.

"

공화적 민주주의는 합의 절차를 중시하므로 느림의 가치를 긍정한다. 직접 민주주의는 사람의 마음을 성급하게 만든다. 시민의 의향을 서둘러 확인하고 곧바로 실행해야 한다는 조급한 열정에 붙들려 실책을 저지르기 쉬운 문제가 있다. 이래서는 오래 걸리지만 오래가는 변화는 이룰 수 없다.

"

사실 정당이 일개 정치인에 의해 존명이 좌우되고 선거 때마다 결과에 따라 이합집산이 되풀이되어온 허약한 토대에서는 '대통령선거'에 우리 정치의 비극이 내포되어 있을 수밖에 없다. 그런 비극의 징조는 지난 2022년 20대 대선의 전 과정에서 최고조에 이르렀다. 정당의 후보들은 경선에서부터 본선까지 네거티브 선거전에 목매다시피 하고, 언론은 경쟁적으로 '비호감 선거'를 보도하여 정치 혐오를 부추겼다. 각 당의 경선에 참여했던 후보들조차 경선 승자에게 깨끗하게 승복하는 않는 추태를 보였다. 심지어 자당 후보를 잠재적 범죄자로 비난하는 지경까지 이르렀다.

이런 후보들 개별의 문제를 넘어 근본적으로 심각한 문제는 정치의 범죄화 현상이다. 주요 정당의 후보들이 서로 상대 후보에 대해 범죄 요건을 들이대며 조사와 처벌을 주장하는 한 누가 대통령이 되든 여당을 허수아비로 만든 채 야당과 의회를 무시하거나 공격하면서 국민 여론에 직접 호소하게 되는 정치의 실종은 피하기 어렵게 되어 있다.

게다가 우리의 거대 양당은 같은 사안을 두고도 서로 여당일 때와 야당일 때의 입장이 표변하여 '개혁'을 아전인수식으로 주장하는 등 정책의 차별성은 물론 일관성조차 없어 국민의 걱정을 사고 있는 현실이다.

그런 가운데 우리는 지금 정당과 의회정치의 실패로 가는 수렁으로 점점 더 깊이 빠져들고 있다. 내부에서 경쟁력 있는 선출직 후보를 길러낼 시스템을 갖추지 못하고 있는 정당들은 선거 때만 되면 외부 영입에 열을 올리게 되고, 여론조사가 후보 선출의 경선을 지배하게 되었다. 그리하여 정당이 아니라 캠프가 중심이 되는 정치가 당연한 듯 뒤따르면서 정당의 존재 이유를 묻는 일이 되풀이되었다.

이러면서 정치인은 여론조사 결과에 일희일비하게 되어 정치의 갈피를 잡지 못하게 되고, 시민들은 변화에 필요한 시간을 기다리지 못하고 정치를 성급하게 다그친다. 민주주의의 필수 요소인 절차와 과정보다 눈앞의 빠른 해결책을 얻고자 하는 욕구만 커진 것이다. 모두가 안달하고 모두가 억울해하는 가운데 진영이 나뉘어 혐오와 삿대질로 적대한다. 정당과 정치인은 정치를 버린 채 이런 대중의 변덕에 영합하여 자기의 정치적 이익에 우선 복무한다. 정치인은 정치를 버리고 시민은 서로에게 사나워진 것이다.

그런 데다가 더 염려스러운 것은 언론 공론장의 피폐화다. 정치의 역할을 존중하지 않는 반정치주의가 우리 언론이 빠진 정체성의 현실이다. 사안과 사태의 시종과 내막을 소상히 알려주는 대신 아예 심판자의 역할을 자처하여 주장을 앞세우고, 더 많은 조회 수를 얻고자 경쟁하기 바쁘다. 더 최악인 것은 자극적인 가짜뉴스로 돈벌이에 나선 개인 유튜버의 근거도 없는 일방적인 주장을 그대로 인용하여 '단독'으로 내보내 유포하는, 언론윤리의 위배 정도를 넘어 사실상의 범죄행위를 일삼으면서도 전혀 부끄러워하지 않는 언론이 된 것이다.

언론은 말을 다루고 전달하는 역할을 한다. 말이 나쁘고 부정확하면 그 말에 사실과 지식을 제대로 담을 수 없다. 사실의 취재보다 의견을 주장하는 기사가 압도하게 되면서 지식과 정보 전달력은 급격히 떨어졌다. 언론도 극단의 진영으로 갈려 듣고 싶은 말, 보고 싶은 사실만 공급하여 '자기편'에 영합한다. 언론이 이 모양이니, 정치에서 오래가는 변화는 고사하고 당장 급한 변화조차 가능할지 회의적이다.

이처럼 의회와 정당의 책임정치, 입헌주의, 삼권분립과 같은 정치 원리가 무시되면 민주주의는 균형을 잃고 만다. 일상의 민주주의 운영은 적법하게 선출된 시민 대표인 정치인과 정당에 맡겨야 한다. 그렇지 않으면 민주주의는 길을 잃고 제 역할을 하지 못한다.

공화적 민주주의는 합의 절차를 중시하므로 느림의 가치를 긍정한다. 시민의 의향을 서둘러 확인하고 곧바로 실행해야 한다는 조급한 열정에 붙들리면 실책을 저지르기 쉽다. 이래서는 오래 걸리지만 오래가는 변화는 이룰 수 없다.

정당이 바로 서야 민주정치가 산다

정당이 민주정치를 구성하는 중심 제도로 자리 잡은 것은 100년이 채 되지 않지만, 정당 활동의 자유, 즉 결사의 자유는 민주주의의 핵심 가치로써 그 민주주의의 지속과 발전에 큰 영향을 미쳤다.

그런 가운데 벌어진 우리 헌법재판소의 2014년 통합진보당 해산 선고는 민주주의의 체계를 심각하게 훼손하는 중대한 사건이 되었으며, 세계적으로도 숱한 우려를 낳았다. 이는 통합진보당의 지지 여부와 상관없이 누가 보더라도 민주주의 국가에서는 있을 수 없는 '정치적' 결정이었다. 소수 의견에 적시한 것처럼 증거도 없이 실상 권력자의 자의적인 판단인 '괘씸죄'를 걸어 이처럼 결사의 자유를 박탈하기 시작하면 정당정치와 민주주의는 설 자리를 잃게 된다.

　　이처럼 다양한 시민의 의견을 수렴하는 정당정치를 통한 민주주의가 실현되려면 결사의 자유가 보호받아야 하지만, 정당 자체의 민주적 구성과 운영도 그에 못지않게 중요하다.

　　어느 한 개인 권력자가 자의적으로 독단하는 체제가 되어서는 안 된다는 것이 핵심이다. 사당화를 막아 공당으로서의 연속성을 확보하자는 취지다. 그래서 정당에는 강령과 규칙을 두고 대표 선출 등의 운영 기구 구성이나 운영을 그에 따르도록 하고 있다.

　　그러나 오늘날 우리 정당 운영의 현실을 보자면, 정당의 강령이나 규칙도 정당의 구성원들이 지킬 의지가 없으면 너무도 쉽게 한 개인 권력자의 의중에 따라 휴짓조각이 되어버린다. 집권 여당이라는 국민의힘이 당 대표를 선출하는 전당대회를 통해 그런 작태를 유감없이 보여주었다. 당의 모든 것이 대통령 개인, 즉 '윤심'에 맞춰 누더기가 되든 말든 아랑곳없이 윤심이 낙점한 후보에게 불리한 규칙과 상황을 일사천리로 정리해 버렸다. 윤심 후보의 당선에 위협이 되는 유력한 후보를 사퇴하게 만드는 과정은 조폭의 수법을 방불했다. 당정 분리는커녕 대통령은 검찰 정권의 위세로 여당을 능멸하는 지경에 이르렀다. 그런데도 그에 대한 당 내부의 비판 목소리는 찾아볼 수 없으니, 부끄러워서 정당이라고 어디 내놓을 수도 없는 수준이다.

"

정치든 정당이든 '여론'이 지배하는, 다시 말해 여론에 휘둘리는 정치나 정당을 민주적이라고 하는 것은 착각이다. 그것은 민주주의도 아니고, 더구나 공화주의에 입각한 책임정치의 모습과도 거리가 멀다. 여론(조사)에 휘둘리는 것은 민의를 수렴하는 것과는 별개의 문제다.

"

정당을 조직하는 차원에서는 민주성보다는 유기성이 먼저라는 주장도 있다. 먼저 유기적으로 작동하는 조직 기반 위에서 점차 민주적 요소를 강화해나가고 개방성을 높여야 한다는 얘기다. 물론 일리 있는 주장이다.

그러나 결국은 의회민주주의가 제대로 작동하려면 당내 민주주의도 뒷받침되어야 한다. 다만, 당내 민주주의가 정당 조직이 잘 운영되고 기능하는 데 이바지해야지 정당 조직을 망가뜨리는 원인이 되어서는 곤란하다.

여기서 하나 짚고 넘어가야 할 것이 있다. **정치든 정당이든 '여론'이 지배하는, 다시 말해 여론에 휘둘리는 정치나 정당을 민주적이라고 하는 것은 착각이다. 그것은 민주주의도 아니고 더구나 공화주의에 입각한 책임정치의 모습과도 거리가 멀다.** 여론(조사)에 휘둘리는 것은 민의를 수렴하는 것과는 별개의 문제다. 이것을 착각하면 안 된다는 것이다.

그러나 오늘날 우리의 정치는 여론이 지배하는 구조로 흘러가고 있다. 정당이 의사결정 과정에서 더 많은 시민을 참여시키거나 사회 속에 뿌리를 내리는 방향으로 나아가지 못하고 여론시장에 매달린 나머지, 아니 여론시장의 번성을 조장하기까지 한 나머지 스스로 정치적 주체로서의 입지를 무너뜨리고 있다.

정당의 소속 의원들 개개인이 여론장사에 여념이 없는 언론을 상대로 경쟁적으로 보도자료를 쏟아내는 일이 정치의 일상이 되다시피 한 것이다. 한마디로, 정치의 망조가 든 것이다.

민주주의에서 정당의 자연스러운 모습은 뭐고 마땅한 역할은 뭘까? 시민의 의사를 조직하고 대표하는 역할이 아닐까. 그런 정당들이 저마다 다양한 계층의 시민들 가운데 한 계층의 시민을 대표하고 대변하게 되면서 다양한 정당이 출현하여 의회에서 논쟁하고 타협하고 협의하게 될 것이다. 이것이 바로 의회민주주의의 자연스러운 모습이다.

"

선거 치르는 모습을 보면 우리나라 정당은 모델하우스만 그럴듯하게 지어놓고 실상은 싸구려 아파트를 비싸게 속여 파는 분양 회사 같다는 인상을 준다. 기업에서 무슨 용역을 외주를 주듯 공천 심사를 하고, 구조조정을 하듯이 인물을 교체한다. 이런 모습도 우스꽝스럽지만, 당의 간판인 대통령 후보를 선출하는 것도 '흥행'에 목을 매는 꼴이 무슨 텔레비전 경연 프로그램을 보는 것 같다.

"

해방 이후 명멸한 우리나라 정당 수는 헤아리기도 어려울 만큼 많다. 아마 100개도 훨씬 넘을 것이다. 1987년 민주화 이후에 지금까지 중앙선거관리위원회에 등록한 정당만 따져도 120여 개나 되고, 국회의원을 배출한 정당도 40여 개나 된다. 개수로만 따지면 그야말로 정당의 풍년이다.

그러나 속내를 들여다보면 풍요 속이 빈곤이 금세 드러난다. 거대 양당이 번갈아 가며 이름만 바꿔 단 통에 생긴 당만 20개에 이른다. 그렇다 해도 의석을 가진 정당이 5개나 되는 엄연한 다당제 구조이지만, 거대 양당이 의석을 거의 독식하는 가운데 문턱 높은 원내 교섭단체 요건을 두는 바람에 실질적으로는 내내 양당제를 유지해왔다. 제3당인 정의당조차 원내 교섭단체 구성 요건의 문턱을 넘지 못해 우리 의회정치는 거대 양당의 한쪽 날개로만 날고 있는 셈이다. 이런 상황도 거대 양당이 양극단으로 나뉘어 서로를 향한 비난과 막말만 쏟아낸 채 정치는 없이 싸움판이 되고 만 사정과 무관하지 않다.

우리 정당들은 평소에는 잠잠하다가 선거 때만 되면 꼭 무슨 이벤트 하는 식으로 '물갈이론'을 득표 전략으로 들고나와 분야를 가리지 않고 정치적 역량이나 전문성과는 무관하게 대중적 인지도가 높은 명망가들을 경쟁적으로 '영입'해왔다. 그리고 '전략'적으로 공천함으로써 당의 이미지를 참신하게 세탁해왔다. 그러나 하도 이런 일을 되풀이하다 보니 참신하려고 하는 일이 유권자들 눈에는 구태가 되고 말았다.

선거 치르는 모습을 보면 우리나라 정당은 모델하우스만 그럴듯하게 지어놓고 실상은 싸구려 아파트를 비싸게 속여 파는 분양 회사 같다는 인상을 준다. 기업에서 무슨 용역을 외주를 주듯 공천 심사를 하고, 구조조정을 하듯이 인물을 교체한다.

이런 모습도 우스꽝스럽지만, 당의 간판인 대통령 후보를 선출하는 것도 '흥행'에 목을 매는 꼴이 무슨 텔레비전 경연 프로그램을 보는 것 같다.

이렇게 각 당의 경선을 거쳐 본선까지 선거가 끝나면 최종 승자의 캠프가 거의 그대로 대통령실이 되고 정부가 된다. 당선자와의 친밀도와 충성도에 따라 서열이 정해지고 직급이 나뉜다. 그러면서 당의 정강과 의지와는 전혀 상관없이 오로지 대통령의 의중에 따라 인사와 정책이 전횡된다.

지금 윤석열 정부가 딱 그 짝이다. 더구나 정부 요직을 검찰 출신으로 도배를 한 것도 모자라 검찰을 한 손에 쥔 채 다른 사정 기관들과 더불어 정권 안보와 정적 제거를 위한 '수사 정치'에 총동원하고 있는 모양새다. 그러는 가운데 (앞에서도 언급했듯이) 정당의 위상이 어느 정도까지 바닥으로 떨어지는지를 잘 보여주는 막장극장을 연출한 것이 지난 3월에 치러진 국민의힘 당 대표 선출 전당대회다.

66

1987년 민주화 이후, 그전에 오래 억압되어온 다양한 사회적 요구가 분출했다. 그런 요구에 부응하여 우리 정치도 다원화할 필요가 있었지만, 오히려 과거 권위주의 체제를 이끌었던 거대 양당의 독과점 구조만 더욱 강화되는 모순을 낳았다. 정치도 정당도 시민의 정치의식도 민주 대 반민주라는 흑백의 극단 논리에서 벗어나지 못한 것이다. 아니, 기존의 정치인들이 기득권을 지키려고 그런 지체와 퇴행을 일부러 조장한 혐의가 농후하다.

99

우리나라 정당들은 총선과 대선 그리고 전국 동시 지방 선거 때마다, 그러니까 거의 해마다 혁신위원회니 비상대책위원회니 하는 비상한 이름으로 혁신을 단행해왔다. 그러나 거꾸로 당 체질은 계속 나빠지고 있다. '일일신우일신' 하라는 성현의 가르침을 해마다 실천하는데 새로워지기는커녕 퇴행을 거듭한다니, 이상한 일이다. 혁신이 진짜 혁신이 아니라 그저 책임이나 상황 면피용으로 허울에 그치기 때문이다.

그러니 시민들은 정치를 잘못한 정당에 책임을 물을 겨를이 없을뿐더러 책임을 물을 대상조차 모호해지는 난감함에 처한다. 정당으로서는 이런 면피 전략이 잘 먹히는 셈이다. 이렇게 우리나라 정당들은 책임정치로부터 멀어지게 되었다.

그렇다면 책임 정당으로서 정당다운 정당은 어떤 모습이어야 할까? **무엇보다 중요하게, 정당은 정강 이념과 세계관을 조직하고 구현하는 데 역량을 기울여야 한다.** 19세기 후반에 영국 보수당을 이끌면서 당의 정체성을 쇄신하고, 총리를 역임하면서 '토리 민주주의'를 정립하는 등 많은 업적을 남긴 벤저민 디즈레일리의 말처럼 **"정당이란 조직화한 의견"** 이다. 그런 조직화한 의견 두 개가 경쟁하면 양당제 정치이고, 여러 개가 경쟁하면 다당제 정치이다.

다음으로, 정당은 사회 갈등의 통합자 역할을 해야 한다. 현대의 민주주의는 모두 자본주의 경제체제에서 작동하고 있다. 사회 갈등 하면 지역 갈등이니 세대 갈등이니 종교 갈등이니 하는 것을 떠올리겠지만, 자본주의가 빚어내는 사회경제적 갈등만큼 파괴적이고 지속적인 갈등은 없다. 빈부격차로 인한 사회 갈등과 노동 환경을 둘러싸고 벌어지는 노사 갈등을 조정하고 해소하지 못하고 갈등이 쌓여 극단적인 분열로 치달으면 민주주의 자체가 위험할 수 있다.

세 번째로 정당에서 중요한 일을 든다면, 앞에서도 언급한 정당의 조직과 운영 그리고 의사결정 구조가 건강하고 민주적이어야 한다는 것이다. 그렇게 민주적 전통이 쌓여야 지도부의 리더십도 안정된다. 민주적 절차를 무시한 권력자 개인의 독재적 리더십은 아무리 강력하다 해도 연속성이 없을 뿐 아니라 당을 사당화하게 마련이어서 의회정치를 해치고 정당으로서의 존립 자체를 불안하게 만든다. 당의 리더십이 민주적 전통에 따라 안정되어야 책임지는 정당정치라는 중요한 민주주의의 원리를 실현할 수 있다.

갈수록 정치가 진보하고 정당도 그 체계와 다양성에서 발전해야 하는데, 우리나라의 경우는 오히려 퇴행하고 있으니 문제다. 물론 진보하기 위한 일시적인 지체 현상이라면 다행이지만, 정치를 둘러싼 언론 지형이나 주류 정치인들의 행태를 보면 일시적인 현상에 그치지 않을 것이라는 비관적 전망이 가시지 않는다.

1987년 민주화 이후, 그전에 오래 억압되어온 다양한 사회적 요구가 분출했다. 그런 요구에 부응하여 우리 정치도 다원화할 필요가 있었지만, 오히려 과거 권위주의 체제를 이끌었던 거대 양당의 독과점 구조만 더욱 강화되는 모순을 낳았다. 정치도 정당도 시민의 정치의식도 민주 대 반민주라는 흑백의 극단 논리에서 벗어나지 못한 것이다. 아니, 기존의 정치인들이 기득권을 지키려고 그런 지체와 퇴행을 일부러 조장한 혐의가 농후하다. 물론 새로운 변화의 기운이 없지는 않았다. 그 전에는 입밖에도 내기 어려웠던 진보적인 의제도 자유롭게 논의할 수 있게 되었고, 진보적인 인사들도 정치에 다수 참여하여 노동, 환경, 인권, 복지와 같은 약자를 위한 의제에 관심을 불러일으켰다.

하지만 근본적인 변화를 추동할 정당의 체계는 변하지 않아서 정치 역시 변하지 않았고, 제3당의 실험은 모두 실패로 돌아갔다. 무엇보다 원내 교섭단체 요건의 문턱을 넘지 못해 양당 체제에 균열을 내지 못한 것은 뼈아프다. 한때 괄목할 만한 시민의 지지를 받기도 했지만, 거대 양당의 극단적 대결 구도에서 유권자의 사표방지심리에 발목이 잡혀 선거에서는 존재감이 폭발하지 못했다.

정당정치의 발전과 의회민주주의의 정상화에 누구보다도 앞장서야 할 거대 양당이 오히려 그 발전과 정상화에 걸림돌이 된 상황을 어떻게 봐야 할까. 현역 의원인 나 역시 그 당사자로서 책임을 통감하고 있다.

"

우리가 기억해야 할 것은 양당제든 다당제
든 그 자체로 나쁘거나 좋은 것은 없다는
것이다. 제도의 형태가 아니라 제도의 운
용에 답이 있기 때문이다. 우리가 양당제
를 비판하는 것은 양극화한 그것이 다원주
의적 토대를 억압하여 다양한 사회적 요구
를 대변하는 정당의 출현과 성장을 막기
때문이다. 양당제든 다당제든 그것이 다원
주의적 가치를 부정하고 그 토대를 억압한
다면 나쁜 것이다.

"

또 하나 짚고 넘어가야 할 것은 양당제와 양극화 정치에 대한 오해다.

어떤 정치평론가는 양극화 정치의 원흉이 양당제이고, 양당제는 양극화 정치를 부르게 마련이라고 주장하는데 전혀 일리가 없지는 않지만, 지나친 일반화이자 결과론이다.

양당제가 오래가면 정치의 양극화에 빠지기 쉬운 것은 사실이지만, 다당제에서도 양극화는 그에 못지않게 일어나므로 정치의 양극화와 양당제는 엄연히 별개의 문제다. 여기서 양당제를 옹호하려는 의도가 아니라 양극화 문제의 원인을 잘못 짚으면 처방도 잘못될 수밖에 없다는 뜻에서 하는 말이다.

사실 민주주의 국가에서 제도로서 양당제를 채택하고 있는 나라는 없다. 법적으로는 모두 다당제를 채택하고 있지만, 현실은 양당제인 경우가 많다. 여기서는 그 현실의 양당제를 말하는 것이다. 미국도 현실은 공화, 민주 양당이 워낙 강력해서 양당제라고 하지만, 실은 다당제를 채택하고 있다.

일본 같은 경우는 더 나빠서 법적으로는 다당제를 채택하고 있지만, 전후 사실상 일당 독재의 늪에 빠져 정치가 삼류를 면치 못하고 있다. 민주주의 사회에서는 결사의 자유가 보장된 이상 정당은 몇 개가 되었든 성립 요건만 갖추면 정당으로 등록하고 활동할 수 있다.

양당제가 굳어지면 양당이 투표시장을 독과점하게 된다. 우리나라만

봐도 21대 국회 300석에서 거대 양당이 차지한 의석이 현재 기준 민주당(167) 국민의 힘(113)으로 280석이다. 정의당(6), 기본소득당(1), 진보당(1), 시대전환(1), 무소속(10)으로 양당의 당선자를 제외한 나머지 당과 무소속 당선자를 하나로 모아도 원내 교섭단체(20인 이상)조차 꾸릴 수 없는 형편이다.

이런 독과점의 측면에서 양당제와 양극화는 공통되지만, 정치 내용에서는 다르다. 양당제에서는 정상적인 경우라면 양당이 수렴적인 경쟁을 하지만, 양극화에 빠지게 되면 이념적으로로든 정책적으로로든 큰 차이가 없는 양당이 서로 격렬한 적대의식으로 대치한다. 현재 우리나라의 여야 양당이 꼭 그런 형국이다. 물론 정책에서 민주당과 국민의힘은 현재 적잖은 차이를 보이지만, 그것으로 보수 진보를 가를 정도는 아니라는 말이다. 오늘날 우리나라 정치는 정당도 유권자도 양극화한 가운데 무당파의 움직임이 양극단의 저울 눈금을 좌우하고 있는 형국이다.

우리가 기억해야 할 것은 양당제든 다당제든 그 자체로 나쁘거나 좋은 것은 없다는 것이다. 제도의 형태가 아니라 제도의 운용에 답이 있기 때문이다. 우리가 양당제를 비판하는 것은 양극화한 그것이 다원주의적 토대를 억압하여 다양한 사회적 요구를 대변하는 정당의 출현과 성장을 막기 때문이다. 양당제든 다당제든 그것이 다원주의적 가치를 부정하고 그 토대를 억압한다면 나쁜 것이다.

민주정치의 발전은 정당정치와 의회정치의 발전에 있고, 또 대표의 범위를 사회의 다양한 요구에 부응하는 방향으로 넓혀가는 데 있다. 그래서 개방화와 다원화를 중요한 가치라고 한 것이다. 그러려면 유권자의 표와 의석 사이의 비례 대표성이 높아져야 하는데, 그런 시도가 지난 총선에서 실패로 돌아간 바 있다.

이런 상황이 아니라도 우리나라 정당들은 그 조직 기반이 허약하다. 정당 조직이 약해질수록 사회적 약자를 보호하겠다거나 노동조건을 개선하겠다거나 환경을 보호하겠다고 스스로 내건 공약이나 가치 그리고 정체성은 빈말이 되기 쉽다.

정당이라면 조직을 강화해야 할 이유가 분명하다. 정당은 공공 정책의 방향과 내용을 주도해야 할 대안 정부, 즉 미래의 통치 조직이기 때문이다. **우리가 시민 권력을 정당하게 제대로 행사하려면 강력한 정당을 조직하여 선거에서 승리하고, 정권을 획득함으로써 당의 강령을 국가 정책을 통해 실현함으로써 모든 국민이 안전하고 평등하고 자유롭고 사람답게 살 수 있도록 해야 한다.**

분배 정의의 실현과 갈등의 조정

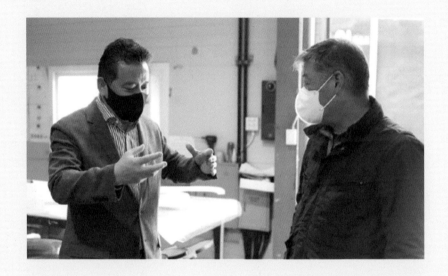

극단으로 양극화한 정치적 배경 때문인지 우리의 공정 담론 역시 이분법적이고 대결적이다. 한쪽에서는 결과의 평등을, 한쪽에서는 개인의 자유를 말한다. 그러나 자본주의 사회에서의 공정은 무 자르듯 대결적 이분법으로 충분히 설명되지 않는다. 그래서 공정은 다양한 관점과 방법론으로 변주된다.

정치는 분배의 정의를 실현하고 갈등을 조정하는 일이라고 한다. 정의롭고 평화로운 사회를 만드는 일이 정치라는 얘기다.

"기회는 평등하고, 과정은 공정하며, 결과는 정의로울 것입니다."

2017년 5월, 문재인 대통령이 행한 취임사의 한 대목이다. 결과가 정의로우려면 분배의 정의가 실현되어야 한다. 이로부터 5년이 지나고, 정권이 바뀌어 다시 1년이 더 지났다. 지금의 정부는 '공정과 상식'을 내걸고 선거에서 이겨 출범했다. 그렇다면 우리 사회는 정권이 바뀌고 얼마나 공정해졌을까?

조사 결과는 참 아이러니하다. 조국 사태로 인해 지지율이 떨어지고 공정하지 못하다는 공격을 받은 직전 정부에 대한 네거티브 선거 전략으로 공정을 내걸고 승리한 새로운 정권이 일 년을 보내는 사이 우리 사회가 더 공정해졌다고 믿는 국민은 극렬 지지층 말고는 아무도 없다. 검찰 정권을 완성한 대통령이 선택적 정의, 즉 정적 제거에 몰두하면서 공정하기는커녕 민주주의의 토대조차 무너뜨리고 있다는 비판의 목소리가 날로 비등하고 있다.

그런데 이처럼 극단으로 양극화한 정치적 배경 때문인지 우리의 공정 담론 역시 이분법적이고 대결적이다. 한쪽에서는 결과의 평등을, 한쪽에서는 개인의 자유를 말한다. 그러나 자본주의 사회에서의 공정은 무 자르듯 대결적 이분법으로 충분히 설명되지 않는다. 그래서 공정은 다양한 관점과 방법론으로 변주된다.

＂

공정을 제도 차원으로만 접근해서는 답을
구할 수 없다. 공정은 개인의 성공을 위한
경쟁의 기준이 아니라 우리가 모두 함께하
기 위한 공존의 조건이다. 그러므로 외국
인에게 재난지원금을 지급한 것은 공정하
면서도 정의로운 일이다. 어떤 질문이든,
특히 공정에 관한 질문이라면 '나' 에서 '우
리' 로, 획일적 평등에서 다원적 평등으로,
방종의 자유에서 책임의 자유로 관점을 옮
겨보면 어렵잖게 답을 구할 수 있다.

＂

우리 사회의 공정 담론에서는 분배와 경쟁이 화두가 되고, 그때마다 '능력주의'가 등장하여 경쟁을 편든다. 그런데 문제는 능력주의를 내세우면서 기울어진 운동장, 즉 공정하지 못한 경쟁을 애써 모른 체한다는 것이다. 능력에 따른 경쟁이 그 출발과 과정이 정당하다면야 그에 따른 분배 역시 공정하다고 할 수 있다.

그러니까 분배의 공정을 말하려면 그 기준이 다양해야 한다. 복잡하고 다원적인 **현대 자본주의 사회에서 공정의 기준으로 능력주의만 내세우는 것은 그 시비를 떠나 시대착오적이다. 공정 담론에서는 무엇보다 다양성이 중요하다.**

그런데 여기서 하나 더 짚어야 할 문제가 있다. 공정하면 정의롭고, 불공정하면 불의한가? 이 질문에 대한 답을 구하는 문제다.

기존의 정의 담론을 지배해온 '분배 패러다임'은 정의를 개인 간의 물질적 자원의 공정한 분배로만 규정한 나머지 물화해서는 안 되는 사회적 관계까지 물화하며 분배의 결과에만 치우쳐 분배의 사회적 과정을 무시한다는 문제를 안고 있다. 그리하여 정의의 문제는 개인 간 분배의 불평등으로만 환원되고, 여성과 소수자 집단의 차원에 가해지는 지배와 억압은 은폐되고 만다.

가령, 우리 사회에서 남자와 여자, 서울과 지방, 비장애인과 장애인 등을 기준으로 적용되는 할당제가 논의될 때면 이성은 사라지고 감정만 격해져 서로를 적대하는 혐오로까지 나아간다. 과연 소수자 우대 제도는 공정한가? "설령 그것이 불공정하더라도 정의롭다"는 것이 그 대답이다. 공정도 좋고 개인의 자유도 좋지만, 뭐가 되었든 결국에는 정의로워야 한다는 것이다. 사회가 정의로워야 한다면, 할당제가 불공정하더라도 그것은 옳다는 얘기다.

예를 하나 더 들어보자. 코로나 사태로 인해 살림살이가 더 팍팍해지면서 사회적 갈등 역시 증폭되고 고조되었다. 코로나로 인한 재난지원금에도 그 불똥이 튀었다. 내국인을 챙기기에도 빠듯한 재난지원금을 체류 외국인까지 챙겨줘야 하느냐는 볼멘소리가 나왔다.

과연 외국인에게까지 재난지원금을 지급한 조치는 공정한가?

우리는 이에 대한 답을 "불평등한 세계는 공정하지 않다"고 하는 목소리에서 찾을 수 있다. 공정을 제도 차원으로만 접근해서는 답을 구할 수 없다. 공정은 개인의 성공을 위한 경쟁의 기준이 아니라 우리가 모두 함께하기 위한 공존의 조건이다. 그러므로 외국인에게 재난지원금을 지급한 것은 공정하면서도 정의로운 일이다. 어떤 질문이든, 특히 공정에 관한 질문이라면 '나'에서 '우리'로, 획일적 평등에서 다원적 평등으로, 방종의 자유에서 책임의 자유로 관점을 옮겨보면 어렵잖게 답을 구할 수 있다.

공정은 무엇인가 하는 질문과 그 답도 중요하지만, 그렇게 얻은 답으로 규정한 공정을 어떻게 실현할 것인가 하는 질문도 중요하다. 사실 사회가 공정해야 한다는 데는 누구나 공감하지만, 공정의 정의와 방법론을 두고는 저마다 기준이 다르고 생각이 다를뿐너러 더 나쁘게는 정치권이 유포한 진영 논리에 휩쓸려 '묻지 마 찬성'과 '묻지 마 반대'로 편이 갈라져 논리를 무시한 채 덮어놓고 싸운다.

공정을 대하는 태도 자체가 공정하지 못하다. 그래서 공정을 둘러싸고 사회적 갈등이 깊어진다. 우리에게 필요한 공정은 어느 한 편을 위한 것이 아니다. 만약 그렇다면 그것은 이미 공정하지 않다. 공정이라는 말 자체에 이미 '우리 모두를 위한 것'이라는 뜻이 내포되어 있다. 그러므로 공정은 어느 일방이 아니라 모두가 함께 논의하여 답을 찾고 실행 방안을 찾아야 하는 일이다.

"

그나마 문재인 정부에서 불씨를 살려가던 분배의 정의는 정권이 바뀌고 나서 아예 그 뿌리조차 뽑힐 위기에 처했다. 윤석열 정부는 1970년대식 성장주의를 꺼내 들고 사실상 노동 탄압을 일삼으면서 노조에 '성장을 방해하는 적'의 프레임을 씌우고 있다. 그런 가운데 노동 정책은 날로 퇴행을 거듭하고 있다.

"

정치의 할 일이 공정한 분배라면 우리나라는 정치가 할 일이 더욱 막중하다. 자본주의 사회가 고도하면서 빈부격차가 갈수록 심화하고 있는데, 우리나라의 빈부격차는 더 심각한 수준이다. 자산 소득의 격차는 말할 것도 없지만, 근로소득 격차 역시 빠르게 커지고 있다는 데 문제의 심각성이 더한다.

지난해 5분위(상위 20%) 가구 월평균 소득(664만여 원)은 1분위(하위 20%) 가구 소득(89만여 원)의 7.5배였다. 1997년 IMF 사태 이후 본격화한 소득 양극화 추세가 꺾일 줄 모르고 갈수록 가팔라지고 있다. 그런데도 여전히 성장만 하면 분배는 자연히 따라온다는 성장 지상주의가 우리 정치와 사회를 지배하고 있다.

그나마 문재인 정부에서 불씨를 살려가던 분배의 정의는 정권이 바뀌고 나서 아예 그 뿌리조차 뽑힐 위기에 처했다. 윤석열 정부는 1970년대식 성장주의를 꺼내 들고 사실상 노동 탄압을 일삼으면서 노조에 '성장을 방해하는 적'의 프레임을 씌우고 있다. 그런 가운데 노동 정책은 날로 퇴행을 거듭하고 있다.

경제적 정의는 분배적 정의와 평균적 정의로 나눠 볼 수 있다. 윤석열 정부 들어 분배적 정의가 무시되는 가운데 분배적 정의가 갖는 가치가 새삼 소중하게 여겨진다. 분배적 정의는 사회구성원 모두가 자신의 능력을 개발하도록 돕는 것은 좋은 일이며 공통의 책무라는 사실에서 시작된다.

하지만 1980년대 들어 레이건 행정부의 미국과 대처 행정부의 영국을 중심으로 이런 분배적 정의에 반대하는 분위기, 즉 신자유주의가 퍼져나간다. 빈민이나 사회적 약자의 생존 문제에 약육강식의 원리를 들이댐으로써 그들을 보호하는 최소한의 복지체계조차 무너뜨리고 만 것이다. 가난한 사람은 아파도 턱없이 비싼 의료비 때문에 치료조차 받지 못하게 된 미국의 현실이 그것을 증명하고 있다.

분배적 정의가 서 있는 바탕에는 인간에게 닥친 문제는 그것이 무엇이든 재능과 역량을 꽃피우는 데 필요한 자원과 선의만 주어지면 해결될 수 있다는 낙관주의가 있다. 현대 복지국가의 기반이 여기에 있다.

66

의회정치가 제대로 작동하지 못한 가운데
시민들은 '거리의 정치' 에 의존해왔다.
정치는 갈등의 조정이라는데, 시민의 대표
들이 이 모양이니 해소되지 못한 갈등이 쌓
이고 묵어서 적대적 감정과 혐오의 말들로
표출되기에 이른 것이다.

99

오늘날 우리 청년들은 기본적인 삶을 누리는 것조차 버겁다. 해방 이후 부모세대보다 소득수준이 낮은 첫 세대의 자괴감에 빠진 청년들은 '공정'에 관한 일이라면 극도로 예민하게 반응할 수밖에 없다. 여기에 코로나 사태까지 터지고 정부의 정책 실패까지 더하면서 여기저기 아우성이고 비명이다. 선거 때만 되면 표를 얻는 데 도움이 되는 쪽으로 급조된 정책들이 쏟아지지만, 탁상공론과 조삼모사 그리고 외화내빈의 비판을 비껴가지 못한다. 정의와 공정을 기대할 수 없으니 차라리 기계적 평등이 낫다는 자조까지 범람한다.

여기 사람 2명에 빵 3개가 있다 치고, 경제적 정의를 아리스토텔레스가 제시한 평균적 정의와 분배적 정의로 나눠 생각해 보자. 평균적 정의는 모두가 일률적으로 똑같이 나눠 갖는 것이므로 각각 하나 반씩 가져가면 된다. 분배적 정의는 좀 복잡하지만 다른 요소가 개입한다고 이해하면 쉽다. 가령, 더 배고픈 사람이나 빵을 얻는 데 더 노력한 사람이 2개를 가져갈 수 있다는 논리다.

미국의 정치철학자 제임스 롤스는 분배가 이뤄지는 절차에 주목하여 공정한 절차에 따라 이루어진 분배를 정의로운 분배로 규정한다.

"공정한 절차에 따라 만들어진 정의의 원칙이야말로 사회적 이익과 부담을 어떻게 분배하는 것이 가장 공정한 분배인지를 밝혀준다."

이어서 롤스가 분배에서 차등의 원칙과 기회 균등의 원칙을 제시한다. 앞서 말한 분배적 정의와 상통한다. 사회적 약자를 외면하고 소수의 기득권이 사회적 이익을 독점하는 형태의 분배는 불공정하다고 주장한다. 사회적 약자를 우선으로 배려하는 사회복지가 공정한 분배를 위한 필수조건이라는 것이다.

A와 B라는 두 나라 사회가 재화를 3명에게 분배한다고 치자. A 사회는 20:40:50으로 분배하고, B 사회는 30:35:45로 분배한다면 어떨까? 롤스의 견해에 따르면 A 사회는 B 사회보다 정의롭지 못하다. 재화의 합은 110과 100으로 A 사회가 더 크면서도 약자에게 분배되는 재화는 B 사회보다 오히려 적기 때문이다.

지금 우리 사회의 분배 구조는 A 사회의 모델로 치닫고 있어서, 전체 재화는 커지고 있으면서도 분배의 격차로 인해 청년들의 고통이 깊어지고 있다. 여기에는 기업 편향의 노동 정책으로 인해 날로 일자리의 질이 떨어지는 '노동의 문제'가 가장 크게 자리를 잡고 있다.

오늘날 우리 청년들의 문제는 성장이 아니라 분배와 노동의 문제가 그 핵심이다.

또 하나, 정치는 갈등을 조정하는 일이다. 그렇다면 오늘날 벌어지고 있는 우리 사회의 갈등은 어디서 비롯된 걸까? 사회 경제적 갈등과 정치적 갈등은 어떤 함수관계를 가진 걸까? 거의 모든 사회 경제적 갈등과 역사적 갈등이 정치로 수렴되어 극단의 대결로 치닫고 서로를 혐오하는 지경에 이른 오늘날의 사태를 어떻게 풀어야 할까?

인류 역사에서 가장 중요한 갈등은 유산자와 무산자의 갈등이고, 현대

사회에서도 '자본 대 노동'의 문제는 가장 기본적인 갈등이다.

사실 유럽 등에서는 사회경제적 갈등이 대개 정치적으로 보수당 대 노동당과 같은 '보수 대 진보'라는 정치의 균열로 나타난다. 그러나 봉건왕조의 전통 없이 근대에 들어 처음부터 다양한 인종을 수렴하여 공화정으로 수립된 미국은 선진국 중 거의 유일하게 진보정당이 부재한 나라다. 우리도 제대로 된 진보정당이 없기는 마찬가지다.

왜 그렇게 되었을까?

해방정국에서 터져 나온 시민의 다양한 요구를 미 군정과 이승만 정권이 압살한 이후로 역대 정권은 다양한 사회적 이해관계에 따른 주장과 그에 따른 갈등을 죄악시하여 화합이 아닌 원인을 제거하는 방식으로 대응해 왔다. 이러한 갈등과의 정치적 불화는 1987년의 민주화 이전은 말할 것도 없고 이후로도 상당 기간 이어져 왔다. 진보와 좌파를 죄악시하면서 우익만 존재하는 반쪽만의 불구 정치가 우리 사회를 지배해 온 것이다. 이런 방식은 이것이 치료하려고 했던 갈등의 부작용보다 훨씬 더 큰 부작용을 불러왔다.

1987년 민주화 이후 우리 사회는 여러 면에서 달라지고 진보했지만, 정치의 진보는 여전히 실패하고 있다. 세계사적 근대화 과정을 열강의 침탈과 일제의 강점에 고스란히 빼앗긴 채 폐허가 된 현대로 곧바로 들어서야 했던 가난한 우리 사회는 급속한 산업화에 따라 빈부의 양극화가 심화하면서 다양한 요구와 함께 새로운 계급적 갈등이 끊임없이 분출해왔지만, 정치는 여전히 구태의연한 모습으로 보수 독점의 틀을 벗어나지 못하고 있다. 그래서 의회정치가 제대로 작동하지 못한 가운데 시민들은 '거리의 정치'에 의존해왔다. 정치는 갈등의 조정이라는데, 시민의 대표들이 이 모양이니 해소되지 못한 갈등이 쌓이고 묵어서 적대적 감정과 혐오의 말들로 표출되기에 이른 것이다.

그러니 한국 민주주의의 상징으로 세계가 알아주는 거리 시위나 촛불 시위와 같은 거리의 정치가 아직껏 계속되는 상황을 정치인이라면 스스로 부끄럽게 여겨야 한다. 제도정치의 갈등 조정 능력 상실을 의미하기 때문이다.

우리 정치는 어쩌다 이 모양이 되었을까? 1953년 한국전쟁을 기화로 분단이 고착되고 진보의 날개가 꺾여버린 데 가장 큰 원인이 있다는 진단은 여전히 유효하다.

"

우리 사회가 갈등과 대립의 '거리의 정치'를 벗어나 다양한 갈등을 민주적이고 평화적으로 조정하고 진정한 의미의 국민통합으로 나아가려면 무엇보다 정당정치의 복원과 의회정치의 정상화가 시급하다.

"

1987년 민주화 이후 '민주 대 반민주'의 갈등 구도가 약화하면서 그동안 억눌려온 계급(자본가 대 노동자)과 이념(진보 대 보수)의 대립이 주된 균열구조로 자리 잡아야 하는데도 그렇지 못하고 '지역주의'가 그 자리를 차지하게 됨으로써 우리 정치가 지체와 퇴행을 면치 못하게 되었다.

지역주의를 김대중과 김영삼 양 김의 분열과 정치적 동원의 결과로 보기도 하지만, 근본적으로는 그동안 우리 사회를 지배해온 TK의 패권주의와 호남 소외와 같은 구조적이고 역사적인 결과라고 해야 마땅하다. 우리 현대사에서 민주주의의 중요한 보루 역할을 해온 호남을 지역주의의 한쪽 당사자로 지목하는 것은 역사에 무지한 그릇된 인식이다.

더구나 호남으로서는 그런 지역주의 구도를 원할 리도 없다. 호남의 인구 감소와 영남의 절대적인 인구 우위를 고려하면 지역주의는 무조건 '지는 게임'이다. 호남의 인구는 이제 충청의 인구에도 못 미치게 되었다.

이런 지역주의를 조장하고 유포하는 세력이 노리는 바는 정치적 실패에도 불구하고 수적 우위를 바탕으로 계속 권력을 차지하려는 것이고, 계급문제와 같은 다른 중요한 정치적 균열을 은폐하고 억압하려는 것이다.

이처럼 정치 외적인 갈등을 정치적으로 조장하고 악용하여 중요한 정치적 문제를 덮어온 흑역사는 우리한테만 있는 게 아니다. 민주주의의 선진국이라는 미국도 예외는 아니다.

미국 남부의 보수주의자들이 가난한 백인들을 자신의 영향력 아래 묶어두기 위해 인종적 적대감을 조장한 것도, 1890년대 급진적인 농민운동을 파괴하기 위해 지역갈등을 조장한 것도 마찬가지다. 하나의 갈등을 전혀 다른 갈등으로 대처하는 갈등의 대체는 가장 파괴적인 정치전략으로, 문제의 본질을 호도하여 정치를 파괴하고 민주주의의 근간을 파괴한다.

우리 사회의 양극화와 갈등이 갈수록 심화하고 있다. 무엇보다 1997년 IMF 사태 이후 우리 사회를 뒤덮은 시장 만능의 신자유주의가 범람하여 보수 정권의 정강과 이념이 되면서 더욱 구조화되어 시민사회의 통합을 위협하고 있다. 우리 사회가 갈등과 대립의 '거리의 정치'를 벗어나 다양한 갈등을 민주적이고 평화적으로 조정하고 진정한 의미의 국민통합으로 나아가려면 무엇보다 정당정치의 복원과 의회정치의 정상화가 시급하다.

[치治] 이것은 정치가 아니다

민주주의는 제도가 마련되었다고 해서
완성형으로 존재하는 결정론적 체제가 아니다.
그 제도를 운용하는 주체들이 끊임없이 각성하고
애써 노력하는 가운데 겨우 유지되는 체제이다.
안이하게 방심하는 순간 민주주의는 언제라도 쉽게
멈추고 마는 바람 앞의 등불과도 같다.
얻기는 어려워도 잃기는 너무도 쉬운 것이 민주주의다.

누가 어떻게 정치를 파괴하는가?

민주주의는 법과 제도만으로는 완성되지 않는다. 법과 제도는 절차의 민주주의만 담보할 뿐 민주주의 내용까지는 충족하지 못한다. 그것은 바로 시민의 역량과 태도에 달려 있다. 민주주의의 이념과 원칙과 가치를 지키는 것은 법과 제도가 아니라 조직된 시민의 힘과 의지이다.

모든 몰락에는 이유가 있다. 오만과 무지다. 오만은 자기 과신에서 비롯할 수도 있고, 무지에서 비롯할 수도 있다.

국가나 조직은 어느 때 붕괴하는가?

첫째는 위기가 닥치고 있다는 사실조차 알아채지 못할 때이고, 둘째는 알고도 대처하지 않았거나 못했을 때이며, 셋째는 엉뚱한 방식으로 대처했을 때다. 그리고 마지막으로는 너무 늦게 대처했을 때다. 이를 더 간략하게 줄여 말하면 무지의 죄, 무능의 죄, 오류의 죄, 나태의 죄다.

이런 네 가지 원인은 정치의 몰락에도 적용되지만, 우리 몸의 작용에도 그대로 적용된다. 중병에 걸렸다는 사실을 모르고 지낼 때, 알고도 손쓰지 않거나 못할 때, 잘못된 치료에 매달릴 때, 치료 시기를 놓쳤을 때 우리 몸은 속절없이 무너진다.

우리 몸이건 사회건 문명이건 정치이건 간에 왜 이처럼 자명하고도 상식적인 경고의 신호와 징조를 무시하면서 천년만년이나 갈 것처럼 굴까?

대개는 자기 힘에 대한 과신과 그 과신이 빚어낸 오만에 도취하여 무엇이 잘못되고 있는지조차 모른다. 아니, 아예 보지도 않으려 하니 더욱 심각한 문제다. 보지 못하면 가르쳐서라도 보게 할 수 있지만, 아예 보지 않기로 작정하면 아무도 말릴 수 없다.

이런 사람이 지도자 한 사람에 그치지 않고 추종자를 번식하게 되면 '무지를 향한 집단적 의지'로 발전하여 거대한 '무지의 세력'을 이룬다.

우리는 지금 현실 정치의 윤석열 정권에서 그런 오만의 극치를 보고 있다. 정권 출범부터 의회 과반의석을 지닌 야당은 물론이고 헌법 정신조차 완전히 무시한 채로 목줄 채운 검찰 권력을 앞세워 독단적, 즉흥적, 임의적 정국 운영으로 일관하면서 자화자찬의 환락으로 점점 더 깊이 빠져들고 있다.

이에 정치의 실종을 넘어 어렵게 일군 민주주의의 토대조차 위협받게 되었다. 민주주의가 몰락하는 데는 대개 세 가지 원인이 작용한다.

첫째는 국가권력의 오용과 남용이 시민의 민주적 권리를 침해하고 민주적 사회운영의 토대를 파괴할 때이고, 둘째는 시민 정신의 약화로 민주주의 수호 세력이 쇠퇴할 때이며, 셋째는 사회 전반의 영역에서 공적 토대가 무너지고 민주적 원칙이 짓밟힐 때이다.

지금 우리는 바로 이런 위험이 한꺼번에 범람하는 참담한 정치 현실을 살고 있지만, 과반의석을 가진 야당은 이런 정권 폭주에 효과적으로 제동을 걸지 못하고 있다. 나 역시 그런 책임을 함께 지고 있는 야당의 일원으로서, 이런 비판은 나 자신의 심장을 찌르는 아픔이다.

민주주의는 법과 제도만으로는 완성되지 않는다. 법과 제도는 절차의 민주주의만 담보할 뿐 민주주의 내용까지는 충족하지 못한다. 그것은 바로 시민의 역량과 태도에 달려 있다. 민주주의의 이념과 원칙과 가치를 지키는 것은 법과 제도가 아니라 조직된 시민의 힘과 의지이다. 그것이야말로 민주주의를 파괴하려는 자가 도저히 어찌해볼 수 없는 민주

주의의 가장 강력한 수호신이자 최후의 보루다. 그래서 노무현 전 대통령이 '깨어 있는 시민의 양성'을 그토록 강조한 것이다.

결국, 민주사회를 조직하고 풍요롭게 하고 민주주의의 계속성을 지키는 것은 법과 제도가 아니라 시민의 힘과 의지이다.

"

인간을 억압하는 야만의 체제를 넘어서는
데 필요한 최소한의 조건을 충족하려는
체제가 바로 민주주의다. 그 최소한의 요
건이란 다름 아닌 '자유' 다. 여기에서의
자유란, 윤석열 정권이 입만 열면 외치는
시장의 자유, 자본의 자유가 아니다. 시장
과 자본의 권력과 그 권력을 옹호하는 정
치 권력의 억압으로부터 개인의 자주권과
존엄을 지키려는 사상과 양심의 자유, 표
현의 자유, 집회와 결사의 자유, 저항의 자
유를 말한다.

"

우리가 민주주의만으로 더 나은 세계를 만들 수 없을지는 모르겠지만, 그 세계를 만드는 데 없어서는 안 될 조건을 충족하고자 하는 것이 민주주의라는 사실은 분명하다. 무엇보다 **민주주의가 소중한 이유는, 민주주의는 인간의 존엄을 짓밟는 숱한 야만의 체제에 반대하는 의지의 가장 강력한 표상이기 때문이다.**

인간을 억압하는 야만의 체제를 넘어서는 데 필요한 최소한의 조건을 충족하려는 체제가 바로 민주주의다. 그 최소한의 요건이란 다름 아닌 '자유' 다. 여기에서의 자유란, 윤석열 정권이 입만 열면 외치는 시장의 자유, 자본의 자유가 아니다. 시장과 자본의 권력과 그 권력을 옹호하는 정치 권력의 억압으로부터 개인의 자주권과 존엄을 지키려는 사상과 양심의 자유, 표현의 자유, 집회와 결사의 자유, 저항의 자유를 말한다.

이런 자유가 없고서는 더 나은 세상이란 없다. 그래서 자유가 아니면 죽음을 달라고 한 외침은 세월이 가도 여전히 절실한 울림으로 남아 있다.

한 나라의 정치를 담당하고 있는 정당이 구조적으로 허약하면 선거는 물론이고 중요한 정치적 사안마다 명망이 높은, 다시 말해 여론조사 결과 지지율이 높은 한 개인에 의지하게 마련이다. 그리하여 그 한 개인에게 당이 휘둘리면 '정치' 가 실종된다.

대통령선거 때만 되면 거대 양당의 대통령 후보가 여론조사 지지율

2장 [치治] 이것은 정치가 아니다

에 따라 요동친다. 당내에서 가장 유력한 후보라도 지지율이 낮으면 '영입'이라는 명분으로 당 밖을 기웃거린다. 당 밖의 인물이 지지율이 올라 당선 가능성이 커지면 당의 국회의원들이 그쪽으로 확 쏠려 줄 서기에 바쁘다. 그 인물이 당에 가입하기 전이든 말든 개의치 않는다. 지지율이 낮으면 평생을 당에 헌신해온 후보도 찬밥신세가 된다. 국민의힘이 21대 대통령선거 당내 경선을 이렇게 치렀다. 정당의 이념적 기반과 당원 조직이 허약해서 일어나는 일이다.

이러니 대통령을 위한, 대통령에 의한, 대통령의 게임이 정당을 들러리로 세우고 정치를 먹어버린다. 정당이 지리멸렬하니 의회정치가 제대로 이루어질 리가 없고, 삼권분립이라는 민주주의의 가장 핵심적인 원리는 대통령의 권력 남용으로 누더기가 되고 만다. 대통령제라고 해서 그러는 게 아니다. 제왕적 대통령이라는 말도 대통령제 자체에 문제가 있어서 나온 말이 아니다. 정당이 허약해서 의회의 견제 기능이 약해진 탓에 권력이 남용되어서 생긴 일이다.

대통령제인 미국도 대통령의 힘이 세지만, 대통령의 권한이 선을 넘지 않고 남용되지 않도록 의회와 사법부 그리고 무엇보다 언론이 충실하게 감시하고 견제한다. 법과 제도의 문제라면 중요한 의제는 대부분 의회에서 논의되고 결판이 난다.

"

기득권 유지에 탁월한 효험을 보인 반정치주의는 마침내 기득권 세력 전체의 이데올로기로 자리 잡기에 이르렀다. 이렇게 유포된 반정치주의에 우리 국민 다수가 자신도 모르게 감염된 사실은 우리 민주주의의 미래에 치명적인 위협 요소가 될 수도 있다. 정치는 무조건 나쁜 것이라는 주장, 국회가 아예 필요하지 않다는 허무맹랑한 주장이 다 반정치주의가 퍼뜨린 바이러스다.

"

"군부가 궐기한 것은 부패하고 무능한 현 정권과 기성 정치인들에게 이 이상 더 국가와 민족의 운명을 맡겨둘 수 없다고 단정하고, 백척간두에서 방황하는 조국의 위기를 극복하기 위한 것입니다."

1961년, 박정희 소장이 쿠데타를 일으키면서 발표한 포고문의 한 대목이다. 반(反)정치주의를 불법 쿠데타의 명분으로 삼은 것이다. 1980년, 전두환 보안사령관의 쿠데타 때도 마찬가지였다. 쿠데타 세력이 무력으로 정권을 장악한 뒤 가장 먼저 한 일은 모든 정치인의 정치 활동을 전면 금지한 것이다. 이처럼 쿠데타는 정치를 말살하고 민주주의를 파괴하는 폭력이다.

이들 쿠데타 세력은 군복을 벗고 대통령에 당선 뒤에도 정권 유지 수단으로 반정치주의를 십분 활용했다. 대통령인 자신은 법적으로 어떤 견제도 받지 않고 정치적으로 어떤 책임도 지지 않는 초월적인 존재로 군림하는 가운데 잘못된 일은 여야의 정쟁이나 국회 탓으로 돌렸다.

이런 반정치주의 작태에 재벌·관료·언론 등 기득권 세력도 차례차례 가세했다. 기득권 유지에 탁월한 효험을 보인 반정치주의는 마침내 기득권 세력 전체의 이데올로기로 자리 잡기에 이르렀다. 이렇게 유포된 반정치주의에 우리 국민 다수가 자신도 모르게 감염된 사실은 우리 민주주의의 미래에 치명적인 위협 요소가 될 수도 있다. 정치는 무조건 나쁜 것이라는 주장, 국회가 아예 필요하지 않다는 허무맹랑한 주장이다 반정치주의가 퍼뜨린 바이러스다. 정치는 공동체의 문제를 말로 해결하기 위해 존재하는 시스템인데, 반정치주의가 그 정치를 망가뜨린다. 정치가 망가지면 공동체 문제를 평화적으로 해결할 길이 없어진다. 그리하여 정치가 공동체 문제를 해결하지 못하게 되면 결국 민주주의가 무너지고 비선출 권력과 기득권 세력이 공동체를 '점령'하여 '지배'하게 된다. 정치가 사라진 자리에는 점령과 지배만 있을 뿐 합의와 동의는 필요가 없게 된다.

그런데 심각한 문제는 정치로 뽑힌, **즉 합법적인 정치제도에 따라 선출된 윤석열 대통령이 후보 시절부터 취임 일 년이 지난 지금까지도 일관되게 반정치주의 논리에 빠져 있고, 실제로도 대통령이 권한을 반정치적으로 사용한다는 것이다. 정치인의 옷을 입고 여전히 검사로 행세하는 것이다.**

요즘 대통령의 말을 듣고 있자면, 정치는 존재해서는 안 되는 악이라고 말하는 것 같다. 정치의 파괴를 넘어 정치를 악마화하고 있다는 혐의를 지울 수 없다. 그렇게 해서 노리는 이득은 뭘까? 무엇보다 여소야대 지형의 국회를 무력화하는 것이다. 야당 대표를 스스럼없이 범죄피의자로 호칭하고 법률을 무시한 시행령의 남발도 그것으로 설명이 된다.

'법치' 와 '정치' 의 거리

'법치' 의 개념을 우리 현실이 당면한 '정치 실종의 법치 만능주의' 로 상정

한다면 법치와 정치는 어떻게 다르고 그 거리는 얼마나 멀까?

"법치가 과거에 행해진 일을 다룬다면, 정치는 미래에 일어날 일을 다룬다."

여기서 "법치와 정치의 거리"라고 했지만, 헌법을 국가 지배의 근간으로 삼는 민주주의 국가에서 '법치'가 따로 존재하는 건 아니다. 법치는 이미 그 안에 국가 운영의 주된 수단으로 종속되어 있다. 민주주의가 제대로 작동하는 국가라면 당연히 정치가 활발할 것이고, 법치는 그 정치를 제도로써 뒷받침하는 수단에 불과하다. 그런데 굳이 이런 제목으로 글을 시작한 이유는, 검찰 정권이 들어서 국정을 농단하는 우리 현실에서는 '법치'가 정치를 뒷받침하는 종속 변수가 아니라 정치를 잡아먹는 지배 원리로 작동하고 있기 때문이다.

왜 이런 상황이 벌어진 걸까?

삼권분립이 지켜지지 않고 의회정치가 실종되는 등 민주주의가 제대로 작동하지 않기 때문이다. 민주주의는 제도가 마련되었다고 해서 완성형으로 존재하는 결정론적 체제가 아니다. 그 제도를 운용하는 주체들이 끊임없이 각성하고 애써 노력하는 가운데 겨우 유지되는 체제이다. 안이하게 방심하는 순간 민주주의는 언제라도 쉽게 멈추고 마는 바람 앞의 등불과도 같다. 얻기는 어려워도 잃기는 너무도 쉬운 것이 민주주의다.

흔히 '법치주의'라고 하면 사적 개인이나 집단 또는 폭력이 아닌 법이 지배하는 국가원리로, 헌법에 명시된 민주주의의 근본 원리 중 하나다. 국민의 대의기관인 입법부가 제정하거나 최종 승인한 법에 따라 국가권력을 제한하고 통제함으로써 자의적인 지배를 배격하는 것이 바로

2장 [치治] 이것은 정치가 아니다

법치주의의의 핵심이다. 법치주의의 근원적 이상은 통치자의 자의에 의한 지배를 배제하고 합리적이고 공공적인 규칙에 따른 지배를 통해 공정한 사회체계를 확보하려는 데에 있다.

그러나 불행하게도 우리 정치계는 정치가 할 일을 툭하면 법의 판단에 의지하는 습관성 자기부정에 빠진 나머지 '법치' 로 상징되는 전대미문의 검찰 정권을 탄생시키고야 말았다. 정치인들이 자진하여 검찰의 칼날 아래 자기 목을 내맡기고 만 것이다.

이처럼 '법치' 의 개념을 우리 현실이 당면한 '정치 실종의 법치 만능주의' 로 상정한다면 법치와 정치는 어떻게 다르고 그 거리는 얼마나 멀까?

"법치가 과거에 행해진 일을 다룬다면, 정치는 미래에 일어날 일을 다룬다."

사법기관과 의회에서 다루는 일의 차이는 이렇게 과거의 일과 미래의 일로 갈린다. 그런데 정치를 통해 미래를 다루어야 하는 대통령이 입만 열면 '법치' 를 외치면서 정치를 부정하는 바람에 '선택적 공정' 이라는 비아냥이 넘실거리고 '민주주의의 위기' 라는 비탄이 터져 나온다. 말이 곧 정치라는데, 대통령의 말은 갈수록 정치의 말에서 멀어지고 있다. 하기야 그는 야당이 다수인 의회를 수족처럼 부릴 수 없어서 아예 의회를 부정하는 독불장군이니, 그에게 정치를 기대한다는 것은 모래에 싹 트기를 바라는 것만큼이나 비현실적이다.

"

정치 없이 '법치'를 내세워, 아니 빙자하여 부당한 사적 이익을 두둔하거나 공적 가치를 훼손하는 것은 민주주의가 아니다. 법치는 원래 민주주의를 떠받치는 주춧돌의 하나지만, 정치적 약세를 만회하기 위해 정치를 부정한 자리에 동원된 '법치'는 민주주의를 파괴하는 민주주의의 적일 수밖에 없다.

"

법치니 정치니 하는 개념을 따지다 보니, 국가는 과연 뭔가라는 질문이 새삼스럽게 돋아난다. 세계에는 정치체제만큼이나 다양한 형태의 국가가 있지만, 최고의 권위와 지배 권한을 갖는 조직이나 기구, 다시 말해 확보한 영토 안에서 폭력의 합법적 독점을 성공적으로 주장하는 유일한 인간 공동체라는 개념에서는 모든 국가가 공통될 것이다.

국가가 이와 같은 지위를 갖는 이유는, 다시 말해 국가에 이와 같은 지위가 필요한 이유는 영토 안에 있는 주권적 존재들의 신체적 안전과 인간적 권리를 보장하고 삶의 조건을 안정시키기 위한 토대와 기회를 제공하기 위해서이다. 개인들이 낱낱으로 확보하기 어려운 삶의 조건을 제공하고 수호하는 존재가 바로 국가의 역할이고 존재 이유다.

인간을 이기적인 존재라고 단정하지는 못하겠지만, 인간의 본성을 말한다면 아마도 이기적인 성향에 더 가까울 것이다. 그러므로 인간은 사적 영역에서 최대한의 자기 이익을 추구하는 존재일 수밖에 없다. 이런 인간의 욕망을 자연 상태로 내버려 두면 인간세계는 정글의 법칙, 즉 약육강식의 야만 세계로 떨어지고 말 것이다. 이런 생각은 근대국가 탄생의 이념적 배경이기도 하다.

그러므로 공동체가 유지되고 발전하기 위해서는 그러한 사적 영역이 공적 영역의 공통가치, 즉 국가가 주도하는 공공성과 조화를 이뤄야 한다는 것이 국가의 존재를 긍정하는 가장 큰 이유다.

이때 사적 이익의 공적 조정 역할을 하는 것이 바로 정치다. 사적 이익과 공적 가치 사이에는 첨예하게 이해 충돌하는 부분이 너무 많고 복잡해서 법으로는 다루는 데는 한계가 있다. 그래서 정치가 필요한 것이고, 법은 정치의 과정에서 개폐되거나 수정되기도 하면서 정치적 설득을 위한 하나의 카드로 사용된다.

정치 없이 '법치'를 내세워, 아니 빙자하여 부당한 사적 이익을 두둔하거나 공적 가치를 훼손하는 것은 민주주의가 아니다. 법치는 원래 민주주의를 떠받치는 주춧돌의 하나지만, 정치적 약세를 만회하기 위해 정치를 부정한 자리에 동원된 '법치'는 민주주의를 파괴하는 민주주의의 적일 수밖에 없다.

그렇다면 우리는 어떻게 해야 할까? 어떻게 정치를 살려 이런 일이 일어나지 않도록 할 수 있을까?

시민의 자격으로 정치에 적극적으로 참여하여 시민의 권리를 적극적으로 행사하는 길밖에 없다. 시민 혁명을 비롯한 숱한 시민운동에서 볼 수 있듯이 민주정치의 역사는 시민의 자발적 참여에 따라 자유와 권리를 쟁취하고 지켜온 역사다.

우리나라의 시민운동은 1980년대까지는 주로 정치 영역에 한정되어 권위주의 정권에 대한 저항의 성격이 컸다. 1990년대 이후에는 환경 보전, 인권 신장 등 다양한 영역에서 삶의 질 향상에 초점을 맞추어 활동해 오고 있다.

사회의 공공 이익을 추구하는 사람들이 자발적으로 조직한 시민단체는 대의제가 지니는 민주주의의 문제점을 보완할 수 있는 대안으로 주목받고 있다. 시민단체는 사회적 연대를 통해 개인적인 정치 참여가 지니는 한계를 극복하고, 입법 과정에서부터 정책의 결정 및 집행에 이르기까지 일련의 정치과정에 직간접적인 영향력을 행사하여 시민의 의사에 기반을 둔 민주정치를 실현하기 위한 활동을 전개한다.

"민주주의 최후의 보루는 깨어 있는 시민의 조직된 힘입니다."

봉하마을 노무현 전 대통령의 묘석에 새겨진 문구다. 이는 노 전 대통령의 민주주의에 대한 생전의 철학을 함축한 말로, 시민의 참여 없는 민주주의는 존립할 수 없다는 뜻으로 읽힌다. 노무현 전 대통령은 특히 대통령 재임 동안 민주주의에 대한 주옥같은 어록을 남김으로써 끊임없이 시민의식을 각성시키고자 했다.

"성숙한 민주주의 사회, 국민이 주인인 사회로 가자면 책임 있는 정부, 책임 있는 언론, 책임 있는 국민이 돼야 한다. 시민 주권의 시대, 소비자 주권의 시대, 주권을 행사할 만한 의지와 역량 있는 시민이 돼야 한다"고 했으며, "주권자로서 시민이 지도자에 가까운 역량을 갖추어 나갈 때 우리 민주주의는 성숙한 민주주의가 될 수 있는 것"이라고 했다.

또 "주권자의 참여가 민주주의의 수준을 결정할 것이다. 정치적 선택에 능동적으로 참여해서 주권을 행사하는 시민, 지도자를 만들고 이끌어가는 시민, 나아가 스스로 지도자가 되는 창조적이고 능동적인 시민이 우리 민주주의의 미래"라고 했으며, "나는 우리 국민의 역량을 믿는다. 마음만 먹으면 못해낼 것이 없는 우리 국민"이라고 격려했다.

검찰 정권, 누가 탄생시켰나?

여당과 보수 언론은 물론 지지자들은 '검찰 정권' 이라는 사실 자체를 인정하지 않는다. 대통령과 정부를 비판하기 위한 프레임 씌우기로 돌리고 있지만, 그들조차도 속으로는 검찰 정권이 아니라고 자신하지는 못할 것이다. 그저 사실을 그대로 직시하고 싶지 않은 것이다.

가짜뉴스가 넘쳐나는 시대다. 재벌기업으로 덩치가 커진 이른바 주류 보수 언론들도 비겁한 인용부호 뒤에 숨어 허무맹랑한 가짜뉴스를 고의로 유포시키는 데 앞장서고 있는 형국이다. 그것도 순전히 돈벌이를 목적으로 자극적인 제목을 달아 가짜뉴스를 생산하는 일인 유튜버들의 영상에 담긴 내용을 '기사'로 둔갑시켜 독자를 속이고 여론을 호도한다.

그러는 통에 범죄행위로 돈벌이에 나선 유튜버들이 영향력을 키워가는 악순환의 고리가 만들어져 자가발전하고 있다. 언론이 스스로 쓰레기더미 속에 쓰레기가 되어 처박히는 바람에 언론의 실종으로 권위주의 정권의 폭주에 대한 견제마저 사라져 민주주의가 위협받고 있다. 아니, 견제가 사라진 정도가 아니라 그런 정권과 짬짜미가 되어 여론을 호도하고 정치를 망치면서 민주주의의 토대를 무너뜨리고 있다.

윤석열이 총장으로 있던 검찰과 국민의힘 그리고 보수 언론이 총궐기하여 문재인 정부의 검찰개혁을 조직적으로 방해하고 나선 것도 다 그런 짬짜미가 작동한 것이다. 검찰개혁은 끝내 실패로 돌아가고, 현직 검사가 대통령의 개혁작업에 반기를 들어 커진 존재감으로 곧바로 야당의 대통령 후보가 되는 초유의 사태가 벌어졌다. 괴물 같은 존재를 넘어 급기야 검찰 정권이 탄생하는 것 아닌가 하는 불길한 우려는 현실이 되고 말았다. 수족으로 부리는 검사를 (검찰총장이나 중앙지검장에 임명할 것이라는 모두의 예상을 비웃기라도 하듯 곧바로) 법무부 장관에 앉히고, 심지어는 금융에 문외한인 검사를 금융감독원장에 앉히는 등 70여 개의 정부 요직을 전문성이나 업무 적합성은 무시한 채 검사로 채우는 명실상부한 검찰 정권을 완성하고야 말았다. 군인에서 검사로만 바뀌었을 뿐 정부 요직에 대한 인사가 박정희와 전두환 군부정권의 재판이라 할 만하다.

이런 검찰 정권을 누가 탄생시켰을까?

여당과 보수 언론은 물론 지지자들은 '검찰 정권'이라는 사실 자체를 인정하지 않는다. 대통령과 정부를 비판하기 위한 프레임 씌우기로 돌리고 있지만, 그들조차도 속으로는 검찰 정권이 아니라고 자신하지는 못할 것이다. 그저 사실을 그대로 직시하고 싶지 않은 것이다. 아니, 가리고 싶은 것이다. 검사가 정권을 잡아 검사를 70여 명이나 정부 요직에 앉힌다고 해서 그게 검찰 정권이냐며 항변하고 싶을지도 모르겠다. 그러면 변호사가 정권을 잡아 변호사 출신을 다수 정부 요직에 기용한 문재인 정부는 변호사 정권이냐고 반문하고 싶을지도 모르겠다.

그렇다면 문제의 핵심을 비껴가도 한참 비껴간 것이다. 물론 전문성과 적합성을 무시하고 정부 요직을 검사로 도배한 것도 검찰 정권이라는 말을 듣기에 부족하지는 않지만, 그보다는 손아귀에 넣은 검찰을 내세워 정적을 제거하기 위한 수사 정국을 확대한 채 정치를 실종시키고 의회를 무시하는 태도에 있다. 정치의 자리를 검찰 수사로 채워버린 것이다. 이것이 바로 '검찰 정권'이라는 비판을 받는 핵심 이유다.

여야 어느 쪽으로도 기울지 않은 중도층은 물론이지만, 일부 민주당 지지층조차도 검찰 정권 탄생을 문재인 정부의 책임으로 돌리고 있다. 심지어는 상당수의 민주당 국회의원들까지도 그런 프레임에 동조하고 있는 형편이다. 과연 그럴까? 한번 따져볼 일이다.

물론 검찰개혁에 실패한 것도 검찰 정권 탄생에 적잖이 영향을 미친 것은 사실이다. 그 실패에 책임을 묻는 것은 당연하다. 그러나 검찰개혁이 왜 실패했는지를 더 깊이 들어가 따져보면 정작 책임져야 할 세력은 다 교묘히 빠져나가고, 언론이 그 실패를 문재인 정부에 모조리 덤터기 씌우고 있다는 사실을 어렵잖게 확인할 수 있다. 그런 부당한 프레임에 속아서 정작 주범이 누구인지는 망각한 채 엉뚱한 데에 책임을 전가하고 있는 셈이다.

노무현 정부에 이어 문재인 정부도 검찰의 정치화에 따른 '정치 검찰'의 폐해를 인식하고 검찰개혁을 국정의 주요 과제로 삼아 부단히 노력했다. 그러나 방법론에서 너무 안이했거나 너무 성급했거나 치밀하지 못했거나 개혁의 엔진을 잘못 설계했거나 이미 뼛속까지 기득권화한 검찰 조직의 생리를 과소평가했거나 하는 잘못이 있다.

더구나 문재인 정부에서는 검찰개혁의 주체에 대한 혼선을 빚은 가운데 뼛속까지 검찰주의자인 윤석열에게 검찰 권력을 몰아주면서 검찰개혁에 앞장설 것을 기대한 것은 결정적인 패착이 되고 말았다. 게다가 '조국 사태'로 개혁에 대한 대대적인 반격의 빌미를 제공하고 청년층 사이에 공정성 시비까지 불러일으킨 것은 검찰 정권이 탄생하는 출발점이 되었다는 사실은 나 역시 부정하지 못한다.

"

검찰 정권의 탄생에 문재인 정부의 책임이 없다고는 할 수 없다. 그러나 그 책임에서 쏙 빠져 유체이탈의 언어로 문재인 정부의 책임을 과도하게 부각하고 있는 세력이 진짜 범인이다. 앞으로도 이들은 검찰개혁에 기를 쓰고 저항할 것이고, 모든 수단을 동원하여 방해할 것이다.

"

한겨레 법조팀장을 지낸 저널리스트 이춘재는 《검찰 국가의 탄생》에서 "검찰개혁은 왜 실패했는가?"를 묻고 그 진단과 함께 "검찰 국가는 검찰개혁의 대안이 될 수 없다"고 결론짓는다.

또한 《검찰 국가의 탄생》에서도 지적했듯이 검찰 정권의 탄생에 문재인 정부의 책임이 없다고는 할 수 없다. 그러나 그 책임에서 쏙 빠져 유체이탈의 언어로 문재인 정부의 책임을 과도하게 부각하고 있는 세력이 진짜 범인이다. 앞으로도 이들은 검찰개혁에 기를 쓰고 저항할 것이고 모든 수단을 동원하여 방해할 것이다.

우선은 이미 통제 불능의 괴물이 되어버린 검찰 조직이다. 그리고 그들과 이해관계를 공유해온 보수 언론과 보수 정당이다. 또 하나 반드시 빠뜨려서는 안 되는 책임 주체는 바로 국회다. 행정부의 일탈에 제동을 걸고 필요 이상의 힘을 견제하는 것이 국회의 의무이자 국민이 맡긴 책임이다. 그러나 우리 국회는 검찰의 비대화를 견제하고 일탈을 통제하기는커녕 오히려 짬짜미가 되어 그것을 부추겨온 혐의에서 벗어날 수 없다. 검찰의 정치화는 그 책임의 8할이 국회에 있다고 해도 과언이 아니다.

자유 혹은 자유주의,
고의로 왜곡되는 이름

대통령이 사고를 칠 때마다 대통령실과 정부 그리고 여당이 중구난방으로 나서서 '아무 말'이나 지어 변명으로 붙이며 엄호하는 형국이다. '바이든'을 '날리면'으로 둔갑시켜 국민 청력 검사까지 시키는 등 세계적인 조롱거리가 되는 가운데 국격은 날로 곤두박질친다.

다음은 지난 2022년 5월에 행한 윤석열 신임 대통령의 취임 연설문 가운데 '자유' 를 언급한 주요 부분만 뽑아 놓은 문장이다.

'자유' 라는 말이 들어가지 않은 문장을 찾아보기 어려울 정도로 '자유' 라는 말로 도배를 해놓았다. 그다지 길다고 할 수도 없는 취임사에 '자유' 가 서른너댓 번이나 나온다. 후보 시절에 그토록 목놓아 외치던 '공정' 은 찾아보기 어렵다. '자유' 를 너무 앞세우려다 보니 억지 춘향으로 아무 대목에나 '자유' 를 마구 갖다 붙여서 앞뒤 의미 맥락이 헝클어져 통하지 않는 문장들이 수두룩하다.

'자유' 로써 자유롭게 망가진 문장들이 그나마도 계통 없이 어색하게 따로국밥으로 병렬하여 연설문을 구성하고 있다.

저는 이 어려움을 해결해 나가기 위해 우리가 보편적 가치를 공유하는 것이 매우 중요하다고 생각합니다. 그것은 바로 '자유' 입니다. 우리는 자유의 가치를 제대로, 그리고 정확하게 인식해야 합니다. 자유의 가치를 재발견해야 합니다. 인류 역사를 돌이켜보면 자유로운 정치적 권리, 자유로운 시장이 숨 쉬고 있던 곳은 언제나 번영과 풍요가 꽃 피었습니다.

번영과 풍요, 경제적 성장은 바로 자유의 확대입니다. 자유는 보편적 가치입니다. 우리 사회 모든 구성원이 자유 시민이 되어야 하는 것입니다. 어떤 개인의 자유가 침해되는 것이 방치된다면 나와 우리 공동체 구

성원 모두의 자유마저 위협받게 되는 것입니다.

자유는 결코 승자독식이 아닙니다. 자유 시민이 되기 위해서는 일정한 수준의 경제적 기초, 그리고 공정한 교육과 문화의 접근 기회가 보장되어야 합니다. 이런 것 없이 자유 시민이라고 할 수 없습니다.

어떤 사람의 **자유**가 유린되거나 **자유** 시민이 되는데 필요한 조건을 충족하지 못한다면 모든 자유 시민은 연대해서 도와야 합니다. 그리고 개별 국가뿐 아니라 국제적으로도 기아와 빈곤, 공권력과 군사력에 의한 불법 행위로 개인의 **자유**가 침해되고 자유 시민으로서의 존엄한 삶이 유지되지 않는다면 모든 세계 시민이 **자유** 시민으로서 연대하여 도와야 하는 것입니다.

모두가 **자유** 시민이 되기 위해서는 공정한 규칙을 지켜야 하고, 연대와 박애의 정신을 가져야 합니다.

우리나라는 지나친 양극화와 사회 갈등이 **자유**와 민주주의를 위협할 뿐 아니라 사회 발전의 발목을 잡고 있습니다.

도약과 빠른 성장은 오로지 과학과 기술, 그리고 혁신에 의해서만 이뤄낼 수 있는 것입니다. 과학과 기술, 그리고 혁신은 우리의 **자유민주주의를** 지키고 우리의 **자유**를 확대하며 우리의 존엄한 삶을 지속 가능하게 할 것입니다.

과학과 기술, 그리고 혁신은 우리나라 혼자만의 노력으로는 달성하기 어렵습니다. **자유**와 창의를 존중함으로써 과학 기술의 진보와 혁신을 이뤄낸 많은 나라들과 협력하고 연대해야만 합니다.

자유민주주의는 평화를 만들어내고, 평화는 **자유**를 지켜줍니다. 그리고 평화는 **자유**와 인권의 가치를 존중하는 국제사회와의 연대에 의해 보장됩니다. 일시적으로 전쟁을 회피하는 취약한 평화가 아니라 자유와 번영을 꽃피우는 지속 가능한 평화를 추구해야 합니다.

지금 전 세계 어떤 곳도 **자유**와 평화에 대한 위협에서 자유롭지 못합니다. 지금 한반도와 동북아의 평화도 마찬가지입니다. 저는 한반도뿐 아니라 아시아와 세계의 평화를 위협하는 북한의 핵 개발에 대해서도 그 평화적 해결을 위해 대화의 문을 열어놓겠습니다.

지금 우리는 세계 10위권의 경제 대국 그룹에 들어가 있습니다. 그러므로 우리는 자유와 인권의 가치에 기반한 보편적 국제규범을 적극 지지하고 수호하는 데 글로벌 리더 국가로서의 자세를 가져야 합니다.

우리나라뿐 아니라 세계 시민 모두의 **자유**와 인권을 지키고 확대하는 데 더욱 주도적인 역할을 해야 합니다. 지금 국제사회도 대한민국에 더욱더 큰 역할을 기대하고 있음이 분명합니다.

저는 **자유**, 인권, 공정, 연대의 가치를 기반으로 국민이 진정한 주인인 나라, 국제사회에서 책임을 다하고 존경받는 나라를 위대한 국민 여러분과 함께 반드시 만들어 나가겠습니다.

이쯤 되면 대통령이 정치적 '자유'의 의미가 뭔지도, 역사적 '자유민주주의'의 함의가 뭔지도 제대로 모르고 그런 개념을 잔뜩 오해한 채로 입버릇처럼 반복하고 있다는 혐의를 지울 수 없다.

윤석열 대통령은 이미 2021년 대선 출마를 선언한 때부터 자유주의, 민주주의, 법치주의 같은 말을 무당이 주문을 외듯이 아무 말에나 갖다 붙여 되풀이하곤 했다. 하지만 취임 후 지금까지 대통령의 언행을 살펴보면 그토록 주문처럼 되뇌던 말과는 천 리나 동떨어져 있다는 걸 알 수 있다. 아니, 동떨어진 정도가 아니라 아예 역행 일변도로 치닫고 있다.

민주주의 체제에서 '자유' 라면 언론의 자유만큼 중요한 자유가 없다. 언론의 자유가 보장되어야 다른 자유도 보호받을 수 있기 때문이다. 지난해 미국 방문 중에 터진 대통령의 비속어 논란을 국내 공중파 방송으로는 처음 보도한 MBC의 보도를 두고, 정작 잘못을 시인하고 사과해야 할 대통령이 적반하장으로 악의적 행태니 가짜 뉴스니 하면서 언론에 책임을 전가하고 비난하기 바빴다. 게다가 그다음 해외 순방 때 MBC 기자를 대통령 전용기 탑승에서 배제하는 등 치졸한 수법으로 언론의 자유를 억압했다. 여당은 MBC가 자막을 조작했다며 형사 고발까지 하는 무리수로 대통령의 '언론 길들이기' 를 거들었다. 이에 국제기자연맹이 "언론의 자유 침해"라고 비판하고 나섰다. 이처럼 국제사회로부터 거듭 비판과 경고를 받았는데도 대통령과 정부는 아랑곳하지 않고 오히려 외교부를 앞세워 MBC를 상대로 해당 보도의 사실관계 정정을 요구하며 소송을 제기했다.

이렇듯 대통령이 사고를 칠 때마다 대통령실과 정부 그리고 여당이 중구난방으로 나서서 '아무 말' 이나 지어 변명으로 붙이며 엄호하는 형국이다. '바이든' 을 '날리면' 으로 둔갑시켜 국민 청력 검사까지 시키는 등 세계적인 조롱거리가 되는 가운데 국격은 날로 곤두박질친다.

노동과 노동자의 권리는 헌법에 명시된 국민의 기본권이다. 지난해 화물연대가 파업에 나서자 대통령은 그 파업을 '북핵의 위협' 에 빗대며 화물연대를 분쇄해야 할 적으로 내몰았다. 왜 파업을 해야만 했는지, 왜 엄연한 노동자가 사업자 신분이 될 수밖에 없는지 그 연유나 구조의 문제는 살펴볼 생각도 없이 다짜고짜 파업을 '불법' 으로 낙인찍어 "모든 행정력을 동원해 끝까지 추적하고 신속 엄정하게 조치" 하라며 협박했다. 그러자 ILO(유엔 국제노동기구)가 '결사의 자유' 침해를 지적하고 나섰다. 하지만 대통령은 이에 아랑곳없이 뒤이어 건설노동자를 '조폭' 이라며 상습 범죄자 취급을 하며 벼락같이 몰아세웠다. 자신의 무능과 국정의 난맥상을 가리기 위해, 더 근본적이고 심각한 문제인 사용자의 불법은 모르쇠로 일관한 채 만만한 노동자와 노조를 악마화하는 데 재미가 들린 모양이다. 대통령이 **침이 마르도록 외쳐온 '자유' 는 오로지 정권의 자유요 자본의 자유일 뿐 시민의 자유나 국민의 기본권과는 무관하다는 것이 그 언행을 통해 분명하게 드러난 것이다.**

"

작은 정부를 주장한 프리드먼은 정부의 경제 개입에 매우 부정적이었다. 그런 프리드먼에게 감명을 받았다는 윤석열 대통령은 시중 은행의 대출 금리까지 직접 압박하고 나섰다. 도무지 앞뒤가 안 맞다. 민주적 절차를 무시한 개입 방식도 다분히 조폭적이다.

"

지난 20대 대선에서 윤석열 후보의 대표 구호는 '공정과 상식'이었다. 그러나 장모와 배우자의 각종 불공정 행위와 범죄 혐의가 실체로 드러나자 후보 본인도 '공정과 상식'을 앞세우기가 무안한지 이후부터는 '자유' 타령에 심취했다. 그의 '자유'는 출마 선언에서 20여 차례, 취임사에서 30여 차례, 광복절 경축사에서 30여 차례, 유엔총회 연설에서 20여 차례나 소환되었다. 지난 3·1절 기념사도 '자유'로 시작하여 '자유'로 끝났다. 오로지 '자유'만이 진리라는 듯 시도 때도 없이 아무 데서나 '자유'를 남발하다 보니 오히려 '자유'가 하나 마나 한 말이 되고 마는 느낌이다.

자유의 원래 의미는 뭘까? '제약에서 벗어난 상태'를 의미한다. 그러나 인간은 숱한 자연적·사회적 제약 가운데 살 수밖에 없으므로 어떤 제약에 주목하느냐에 따라 자유의 내용도 달라진다.

윤석열 대통령은 일찍이 검찰총장 후보자 시절(2019년)에 자신의 가치관을 형성하는 데 가장 크게 영향을 끼친 책으로 밀턴 프리드먼의《선택할 자유》를 들었다. 1979년에 나온 책이니 쓰인 지 40년이 지난 책이다. 원론이 아닌 이상 경제학서가 40년이 지났다면 한참 철 지난 책이다. 왜 하필 그런 책에 감명을 받았을까? "부친이 권해준" 이유도 있겠지만, 프리드먼의 '자유'에 매력을 느낀 모양이다.

프리드먼의 '자유'는 경제활동의 자유로, 자유 시장과 작은 정부로 요약된다. 프리드먼은 가장 덜 나쁜 세금, 즉 필요악인 세금 중에서도 그나마 나은 세금으로 '토지보유세'를 들었다. 그러면 프리드먼은 좌파인가? 천만의 말씀이다. 윤석열 대통령이 감명받았다는 《선택할 자유》는 1980년대 영미를 중심으로 번성하여 세계로 퍼진 신자유주의의 이론적 토대를 제공한 책이다.

프리드먼과 같은 신자유주의자는 생산과 유통 그리고 소득에 부과하는 세금은 경제활동을 위축시킨다고 보아 반대하지만, 토지 보유에 부과하는 세금은 시장작용을 왜곡하지 않으므로 반대하지 않는다. 토지는 인간이 생산할 수도 없고 존재량을 변화시킬 수도 없으므로 토지보유세를 부과해도 토지 공급에 영향을 주지 않기 때문이다.

무엇보다 우리나라에서는 부동산 투기의 근본적인 예방 수단으로 꼭 필요한 세금이다. 그렇게 부동산이 안정되면 부동산 투기를 막기 위해 남발해온 각종 규제를 철폐할 수 있고, 경제적 불평등이 줄어 복지 수요도 적어진다. 작은 정부가 가능해지는 이런 결과야말로 신자유주의자들이 오매불망 바라는 바다. 그러므로 토지보유세는 윤석열 대통령이 침이 마르도록 강조해온 자유시장 경제의 필수조건이다. 그런데 정작 토지보유세와 같은 부자 과세에는 눈에 불을 켜고 반대한다. 종합부동산세를 공격하는 것도 그런 맥락이다.

작은 정부를 주장한 프리드먼은 정부의 경제 개입에 매우 부정적이었다. 그런 프리드먼에게 감명을 받았다는 윤석열 대통령은 시중 은행의 대출 금리까지 직접 압박하고 나섰다. 도무지 앞뒤가 안 맞다. 민주적 절차를 무시한 개입 방식도 다분히 조폭적이다. '건폭'이니 뭐니 하면서 노동자를 조폭에 빗대 적대하면서 정작 자신은 국정을 조폭 방식으로 운영한다. 국정 수반의 언어가 아닌 조폭의 언어로 한마디 툭 던지면 어제 발표한 정책이 오늘 뒤집힌다. 해명도 사과도 없다. 보스가 시키면 시키는 대로 하라는 식이니, 이게 조폭 방식이 아니라면 뭐란 말인가? 아니, 조폭도 이렇게는 안 한다.

대통령 본인이 그토록 중시하는 자유민주적 기본질서도 엄연히 자의적 지배를 배제한다. 법치를 무시하고 권력자 마음 내키는 대로 명령하고 몰아대는 것이 자의적 지배다. 형평성과 공정성은 물론 민주주의적 정의에도 치명적이기 때문에 자유민주주의 체제에서는 자의적 지배를 엄격히 배제하는 것이다.

그러나 윤석열 정권은 입으로만 자유주의, 민주주의, 법치주의를 열심히 떠들고 실체도 없는 성과를 추상의 언어를 빌려 과대 선전하면서도 실제 국정 운영은 자주 그 반대로 가고 있다.

영국의 EIU(이코노미스트 인텔리전스 유닛)가 발표한 '2022 민주주의 지수'에서 우리나라 민주주의 지수가 윤석열 대통령 취임 이후 1년간 8계단이나 떨어진 것은 그런 사정을 잘 반영하고 있다. EIU는 그 원인을 "정치인들이 합의를 모색하고 시민의 삶을 개선하는 것보다는 정적들을 제거하는 데에 정치적 에너지를 쏟는 한국 정치문화의 타락"이라고 짚었다.

창피한 일이다. 이 창피한 일을 온 국민이 다 알고 있는데, 정작 대통령 본인만 모르고 있는 모양이다. 대통령실과 정부 그리고 여당 인사들은 창피한지는 아는지 대통령을 대변하느라 오죽했으면, '바이든'을 '날리면' 으로 날려버리고 대통령이 자국 국회의원들을 '이 새끼들' 이라 쌍욕을 했다고 대변인이 세계만방에 대고 공식으로 고백을 다 했을까.

“

윤석열 대통령이 진정한 자유주의자라면, 밀턴 프리드먼처럼 자유를 제한적으로 자기 입맛에 맞게 각색하여 자본에 봉사하는 얄팍한 경제학자의 말을 맹신할 게 아니라 '자유론'의 아버지로 불리는 존 스튜어트 밀의 《자유론》부터 한번 읽어보는 게 어떨까. 이 책은 자유주의 정치이론을 대표하는 책이고, 저자인 밀은 정치적 자유주의를 대표하는 정치가이기도 하다.

”

윤석열 대통령은 정치에 발을 들여놓은 순간부터 시장과 민주주의 앞에 빼먹지 않고 꼬박꼬박 '자유'를 붙였다. 한 번이라도 거르고 그냥 '민주주의'라고 하면 큰일 날 것처럼 강박적으로 '자유'에 집착하는 언행을 보였다. 그가 가는 데마다 외치는 '자유'의 정확한 의미는 시장과 자본의 자유로, 경제민주화를 위한 국가의 적극적 역할을 제약할 자유로 읽힌다. 대처리즘과 레이거노믹스를 업고 1980년대 이후 신자유주의로 다시 기세를 떨친 고전적 자유주의에 기초한 그 자유 개념에 가깝다.

그렇더라도 어떤 이념의 개념은 실천적 현실을 겪어오면서 복잡하게 변주되는 역사적 경험상 단순한 하나의 좁은 개념으로 고정되지 않는다. '자유' 역시 그런 역사적 경험을 거치면서 본래 가진 개념의 지평을 넘어 그 경계를 끊임없이 확장해왔다. 그러므로 자신의 그릇된 신념을 합리화하고자 아무 데나 아무렇게나 갖다 붙여서는 안 되는 개념 중의 하나가 바로 '자유'다.

윤석열 대통령의 '자유론'에 따르자면, 자본주의 사회에서 가장 위험한 '독과점'을 규제하고 통제할 명분이 없어진다. 자유시장주의에 반하기 때문이다. 그런데 시중 은행들이 성과급 잔치를 한다는 보도가 나오자 독과점 구조 때문에 그렇다며 버럭 화를 내며 대출 금리 인하를 압박하고 나선다. 이 역시 앞뒤가 안 맞는다. 자기모순이다. 그러든 말든 '은행에 대한 국민의 불만'에 편승하여 정치적 이득을 보자는 얄팍한 속셈이다. 둘 가운데 하나만 하지 둘 다 하려니 '자유'도 고생이고 대통령도 고생이고 국민도 고생이다.

자유라는 개념을 잘못 쓰게 되면 민주주의는 물론이고 평화까지 망치게 된다. 그렇다면 민주주의 체제에서 자유의 현대적 의미는 뭘까?

무엇보다 자유는 평등에 기초를 둘 때만 구현될 수 있는 '통일적' 가치다. 자유와 평등은 떼려야 뗄 수 없는, 실과 바늘의 관계라는 얘기다. 그리고 평등에는 '기회의 평등' 만이 아니라 반드시 '조건의 평등' 이 필요하다. 민주주의는 바로 그 조건의 평등을 구현하기 위해 '자유롭지 못한 사람들' 의 자원 배분 결정권을 보장하는 체제다.

윤석열 대통령이 그토록 목놓아 외치는 '시장의 자유' 는 자본이 이미 지배자의 위치에서 질서를 구축하고 피지배자의 위치에 있는 노동의 자유로운 직업 선택의 기회를 제약하므로 노사 양자 간 힘의 균형을 이루기 위해 노조의 조직권과 단결권을 보장하는 것이 '조건의 평등' 으로 자유의 전제조건이다. 빈부격차 문제를 해결하기 위한 토지 소유의 제한과 엄격한 상속세의 실시도 같은 맥락에 있다.

그런데 대통령과 정부 여당이 하는 언행을 보면 이런 조건의 평등을 위한 정책들을 개인의 재산권을 억압하는 낡은 사회주의적 발상으로 치부하는 모양새다. 하지만 이런 모든 것이 자유주의의 상징으로 불리는 존 스튜어트 밀과 같은 자유주의자들이 기초한 자유주의 계보를 이루고 있는 내용이다. 이는 근대 보수주의 정치의 역사를 대표하는 양국의 디즈레일리 총리가 추구한 "모두가 평등한" 하나의 국민 노선, 볼드윈의 산업적 동반자 관계 중시 정책, 처칠의 노동당 정부의 국유화와 복지국가 정책의 계승으로 이어지기도 했다.

윤석열 대통령이 취임사에서 "국민이 진정한 주인인 나라"를 만들겠다고 한 말이 진심이라면 이런 자유의 위대한 행적과 정책을 검토하고 참고해야 할 것이다. 극심한 양극화로 인한 사회 갈등이 깊어지고 서민의 고통이 심해지는 우리 현실을 생각하면 더욱 그렇다.

윤석열 대통령이 진정한 자유주의자라면, 밀턴 프리드먼처럼 자유를 제한적으로 자기 입맛에 맞게 각색하여 자본에 봉사하는 얄팍한 경제학자의 말을 맹신할 게 아니라 '자유론'의 아버지로 불리는 존 스튜어트 밀의 《자유론》부터 한번 읽어보는 게 어떨까. 이 책은 자유주의 정치이론을 대표하는 책이고, 저자인 밀은 정치적 자유주의를 대표하는 정치가이기도 하다. 여기서 밀이 주장하는 '자유'의 핵심은 "틀렸다거나 해롭다는 이유로 의견의 표명을 가로막으면 안 된다"는 것이다. "표현의 자유를 일부만 제한하게 되면 곧 모든 표현의 자유가 제한되고 말기 때문"이다. 그는 "표현의 자유가 무제한 허용되어야 사회는 진보할수 있다"면서 "표현하는 내용에는 제한이 없어야 한다"고 주장한다. 다만 "표현하는 방식에는 제한이 필요할 수 있다"고 했다.

만약 밀의 이런 자유론을 윤석열 대통령이 부정하거나 실천하지 않는다면 그는 말뿐인 가짜 자유주의자다. 밀의 자유론에 감명받은 나는 많은 부분에 동의하지만, 오늘날 우리의 현실에서는 부족한 부분도 있다는 걸 안다. 하지만 적어도 자칭 자유주의자라면 밀의 자유론 정도는 알고 나서 '자유'를 떠들어야 겨우 창피는 면할 듯싶다. 대통령에게 일독을 권한다.

[본本] 정치는 말에서 시작된다

정치 언어의 다양한 층위가 사라진 황폐한 공론장에서는
모든 의견이 여야, 좌우, 찬반의 이분법적 구도에 갇혀
평행선을 달린 채 토론은 실종된다.
게다가 정보는 왜곡되거나 악용되어 상대를 공격하고
굴복시키는 칼이 된다. 말이 사나워진 나머지 칼이 되어
서로를 찌르는 마당에 정치가 들어설 자리는 없다.

정치판의 말이 사나워지고 있다

지금은 어떤 정보라도 정치적인 이해관계에 따라 상반된 해석이 엇갈린다. 말은 주고받되 그 말이 서로를 부정하는 말이어서 어떤 합의도 이뤄내기가 점점 더 어려운 상황이 되어가고 있다. 그러면서 정치의 위기가 길어지고 있다.

흔히 세월을 되돌릴 수 없는 것으로 말하는데, 입 밖으로 내버린 말도 되돌릴 수 없기는 마찬가지다. 다만, 잘못 산 세월을 더 열심히 잘 사는 것으로 어느 정도 만회할 수 있듯이 잘못한 말 역시 수정하거나 사과하는 것으로 어느 정도 만회할 수는 있다.

그러나 말에 받은 상처는 수정이나 사과로는 쉽게 씻기지 않는다. 그래서 말로 상처를 주고 난 뒤의 어떤 수습의 말도 사후약방문에 지나지 않는다.

한마디 말에 따라 인간관계가 결정되고, 일의 성패가 갈리고, 운명이 좌우되기도 한다. 더구나 말은 사람을 살리기도 하고 죽이기도 한다. 그만큼 말은 힘이 세다. 입은 화를 불러들이는 문이요, 혀는 자기의 몸을 베는 칼이라는 옛말은 말이 점점 더 사나워지는 오늘날에 더욱 절실한 울림으로 다가온다.

보통사람들의 일상의 언어도 이러할진대, 말로 일을 하는 정치인에게 말의 중요성은 두말할 필요도 없다. 그런데 그런 정치인의 말이 갈수록 본질에서 벗어나 상스러워지고 험악해지면서 정치가 길을 잃었다.

정치판의 말이 상스럽고 살벌해서야 어디 대화가 가능하겠는가. 이러게 서로 욕하느라 대화가 단절되면 정치는 그길로 사망이다. 정치의 언어가 사라지는 극단의 시대로 치닫는 느낌이다.

지금은 어떤 정보라도 정치적인 이해관계에 따라 상반된 해석이 엇갈린다. 말은 주고받되 그 말이 서로를 부정하는 말이어서 어떤 합의도 이뤄내기가 점점 더 어려운 상황이 되어가고 있다. 그러면서 정치의 위기가 길어지고 있다. 지금은 거의 정치 실종의 상태에 있다고 해도 과언이 아니다.

정치의 위기는 시민사회의 위기를 넘어 민주주의의 위기로 번지고 있다. 정치가 자기 영역에서 인물을 키워내지 못하고 시민사회 영역에서 지도급 인사들을 빨아들여 인물난을 해소하는 일이, 게다가 각종 지원책이나 혜택을 미끼로 줄을 세워 시민사회단체를 정치에 이용하는 일이 선거 때마다 반복되는 가운데 시민사회의 토대가 허물어지고 있다.

시민사회 영역은 조직된 힘을 바탕으로 정치를 감시하고 정책이 좋은 방향으로 가도록 압박하는 역할을 해야 하는데, 갈수록 더 특정 정치 세력이나 정치인과 밀착하게 되면서 마침내는 그 안에 포획됨으로써 본연의 역할인 비판과 압박의 기능을 상실하게 되었다. 그러면서 시민사회는 그 언어조차도 정치가 주고받는 극단의 언어를 닮아가고 있다.

앞에서도 말했듯이 정치는 미래를 위해 현실을 개선하는 일이므로 예측 불가능성과 불안정성을 줄이고 이해관계에 따른 사회적 갈등을 해소하면서 사회구성원 전체를 화해로 이끄는 역할을 해야 한다. 그러려면 누구보다도 먼저 정치가 생산적인 말로써 협상하고 타협해야 제

역할을 해낼 수 있다.

정치가 여와 야, 좌와 우, 진보와 보수로 나뉘어 정책을 경쟁하고 권력을 다투는 일은 당연하지만, 서로에게 사용하는 말이 사나워질수록 극단으로 치닫게 되어 정치가 실종된다.

그렇게 정치가 망하면 곧바로 가장 크게 피해를 보는 것은 국민이다. 정치인이야 당장은 자리를 보전하겠지만, 결국은 민주주의의 파괴와 함께 정치인이 설 자리도 없게 된다. 우리는 그런 사실을 1960년과 1980년의 군사쿠데타를 통해 분명하게 봐왔다.

"

정치는 물론이고 우리가 사회생활이나 가정생활에서도 의견을 나누고 협의를 하는 이유는 답이 하나로 정해진 것이 아니라 서로의 의견과 의견 사이, 찬성과 반대 사이 어느 지점에 있기 때문이다. 일당이 아니라 다당의 정체를 민주주의의 기본 요소로 꼽는 이유도 바로 거기에 있다. 다양한 의견이 갈등하고 충돌하는 가운데 대화와 타협을 통해 어느 적정한 지점에서 하나로 모이는 의견을 도출해내는 것이 민주주의이기 때문이다.

"

우리 정치판의 말은 구체적으로 얼마나 사나워지고 있을까? 우리는 간단한 수치만으로도 그것을 확인할 수 있다.

지난 2020년 5월 30일에 임기를 시작한 21대 국회 출범 이후 지난해까지 국회 윤리특별위원회에 접수된 국회의원 징계안이 모두 35건이다. 그런데 징계안 제출 사유가 대부분 '막말' 이었다는 사실이 눈에 띈다. 관련 통계 자료는 갈수록 막말의 빈도와 수위도 점점 높아지고 있음을 보여주고 있는데, 막말이 더 잦아지고 험악해진 시기일수록 야야 간의 정치는 그만큼 더 침체한 사실이 정치와 말의 등가적 함수관계를 증명한다. 그래서 말이 곧 정치이고, 정치는 곧 말이라고 한 것이다.

사나운 말이란 대개 사실에 기초한 문제 제기보다는 상대와 상대의 의도를 나쁘게 규정하고 상처를 주려는 말이다. 서로 마주 보고 대화를 할 수 없을 정도로 상대에게 모멸감을 주는 극단의 말은 아무리 좋게 봐주려 해도 그럴 수 없는 파괴의 언어요, 기만의 언어요, 분풀이의 언어요, 적반하장의 언어요, 악마의 언어다.

지난해 10월, 정진석 국민의힘 비상대책위원장 본인의 SNS에 "조선은 안에서 썩어 문드러졌고, 그래서 망했다"고 썼다. 조선 사회 자체를 논하는 맥락이 아니라 한국에 대한 일제강점의 책임을 묻는 맥락에서 나온 말이어서 일제의 식민지배를 정당화하는 뜻으로 읽힐 수 있는 위험한 발언이다. 더구나 집권 여당 대표의 발언이다. 이에 민주당은 제국주의 식민사관에 기반을 둔 망언이라고 반발하며 정 위원장에 대한 징계안을 제출했다.

역시 같은 해 10월, 국감장에서 한국원자력재단 감사를 진행하던 중에 권성동 국민의힘 의원이 김제남 이사장을 향해 "차라리 혀 깨물고 죽지"라는 막말을 퍼부어, 같은 국회의원인 나조차 얼굴이 뜨거웠다. 더구나 임기가 보장된 기관장의 사퇴를 강요하는 가운데 나온 말이어서 적반하장도 그런 적반하장이 없다는 통탄이 쏟아졌다. 이에 당사자와 야당이 권 의원에게 사과를 요구했지만, 권 의원이 사과는커녕 오히려 발언의 진의를 왜곡한다며 화를 내고 나서자 야당이 권 의원에 대한 징계안을 제출했다.

이런 식으로 여야가 경쟁하듯이 험한 말을 쏟아내고 그것을 빌미로 서로 징계안을 주고받은 것이 다달이 평균 2건에 이른다. 그러니 21대 국회 개원 이후 여야가 맨정신으로 머리를 맞대고 정치를 할 겨를이 어디 있었겠는가.

정치는 물론이고 우리가 사회생활이나 가정생활에서도 의견을 나누고 협의를 하는 이유는 답이 하나로 정해진 것이 아니라 서로의 의견과 의견 사이, 찬성과 반대 사이 어느 지점에 있기 때문이다. 일당이 아니라 다당의 정체를 민주주의의 기본 요소로 꼽는 이유도 바로 거기에 있다. 다양한 의견이 갈등하고 충돌하는 가운데 대화와 타협을 통해 어느 적정한 지점에서 하나로 모이는 의견을 도출해내는 것이 민주주의이기 때문이다.

그런데 아예 대화의 여지조차 없애버리는 사나운 말이 갈등하는 정치 주체들 사이를 난무하는 동안 정치는 사라지고 그러는 동안 국민의 고통만 더해진다.

정치인은 말로 변화를 만들고 세상을 좀 더 나은 방향으로 이끄는 사람이다. 정치인은 말하는 사람이고, 정치는 말하는 직업이다. 그래서 정치인의 말이 무너지면 정치도 무너진다.

66

민주주의 쟁취의 투쟁사는 곧 말의 투쟁사이기도 하다. 말의 무서움을 아는 정권이라면 정치를 잘하면 되는 일인데, 권위주의 정권은 그러지 않고 일방통행으로 통치를 하려니 비판을 막고 여론을 호도하기위해 '말의 공론장'을 파괴하는 데 집요하게 매달렸다. 이 과정에서 정치의 언어는 다양한 층위를 잃고 흑백의 이분법으로 악용되었다.

99

권력자는 대개 달통한 언어로 명쾌한 반론을 펼치는 비판자를 극도로 싫어한다. 힘의 권력자인 군사정권이 말의 권위자인 지식인을 가장 두려워하여 예민하게 감시하고 탄압한 이유다.

민주주의 쟁취의 투쟁사는 곧 말의 투쟁사이기도 하다. 말의 무서움을 아는 정권이라면 정치를 잘하면 되는 일인데, 권위주의 정권은 그러지 않고 일방통행으로 통치를 하려니 비판을 막고 여론을 호도하기 위해 '말의 공론장'을 파괴하는 데 집요하게 매달린다. 이 과정에서 정치의 언어는 다양한 층위를 잃고 흑백의 이분법으로 악용되었다.

가령, 정부가 "경제를 살려야 한다"는 당위의 의제를 선점하고, 누가 그 방법론을 따지면서 비판하면 "경제 성장에 반대한다는 것이냐"며 공격하는 방식으로 아예 반론이나 비판 자체를 못하게 한다. 애국이니 경제니 성장이니 안보니 원칙이니 공정이니 하는 우호적인 가치를 지닌 말을 선점한 다음 누가 정부를 비판하면 종북이니, 반기업이니, 불공정이니 하는 부정적인 이미지를 덧씌운다. 이명박 정부에서는 실제로 '4대강 사업'에 반대하는 사람들과 환경단체를 '종북주의자'로 매도하는 공작이 이뤄졌다. 말을 악용하여 권력이 행사하는 이런 폭력은 심각한 결과를 부른다. 민주주의에 숨을 불어넣는 공론장을 파괴하고 표현의 자기검열 체제를 강화한다.

이처럼 정치 언어의 다양한 층위가 사라진 황폐한 공론장에서는 모든 의견이 여야, 좌우, 찬반의 이분법적 구도에 갇혀 평행선을 달린 채 토론은 실종된다. 게다가 정보는 왜곡되거나 악용되어 상대를 공격하고 굴복시키는 칼이 된다. 말이 사나워진 나머지 칼이 되어 서로를 찌르는 마당에 정치가 들어설 자리는 없다.

국회 그리고 국회의원,
그들만의 리그

국회에 대한 신뢰도가 바닥으로 떨어진 이유는 다양하겠지만, 무엇보다 국회가 국민의 대의기관이라는 책무에 충실하지 못하고 '그들만을 위한 그들만의 리그' 라는 인식을 심어주었기 때문일 것이다.

통계청에서 〈한국의 사회지표〉를 발표한다. 2022년 통계에서 '국가기관에 대한 국민(만 19세 이상)의 사회적 신뢰도'를 보면 국회는 2021년보다 10.3% 하락한 24.1%로 꼴찌다. 지자체가 58.8%로 1위고, 검찰(45.1%), 법원(47.7%), 경찰(49.6%)이 고만고만하지만 그래도 국회의 2배에 가까운 신뢰를 얻고 있다.

국회는 10년 넘게 꼴찌에서 왔다 갔다 하는데, 최근 들어서는 신뢰도가 더욱 떨어져 아예 꼴찌를 맡아 놓고 하는 신세다. 다른 기관도 아니고 국민을 대표하여 '민의의 전당'으로 불리는 국회가 어쩌다 이 지경이 되었을까?

나도 국회의원이지만, 부끄럽고 또 부끄러운 일이다. 국민의 신뢰를 잃은 국회는 민의를 제대로 대변하지 못하고 있으며, 입법부 본연의 책무 수행과 역할이 국민의 눈높이는커녕 무릎 높이에도 미치지 못한 반증이다.

이처럼 국회에 대한 신뢰도가 바닥으로 떨어진 이유는 다양하겠지만, 무엇보다 국회가 국민의 대의기관이라는 책무에 충실하지 못하고 '그들만을 위한 그들만의 리그'라는 인식을 심어주었기 때문일 것이다.

물론 국회의원 대부분은 사명감을 가지고 민주주의와 국민을 위해 입법활동을 하고 국민의 편에 서서 행정부를 감시하고 감독하는 역할을 해왔다고 자부하겠지만, 그렇지 못한 부분도 적지 않다는 사실을 부인하지는 못할 것이다.

국회가 여야의 격돌로 회기를 지키지 못하거나 예산안을 제때에 처리하지 못해 행정에 차질을 주거나 극단의 대립에 따른 파행으로 국정감사나 국정조사를 제대로 수행하지 못하거나 외유성 해외 출장으로 국민의 눈살을 찌푸리게 하거나 말의 경연장이 되어야 할 정치판을 고성과 멱살잡이가 난무하는 난장판으로 만들거나 하는 일이 어디 한두 번이었던가.

66

하나 더, 빼놓을 수 없는 이유는 정당의 위
상 추락이다. 의석을 가진 정당들이 모여
구성하는 것이 국회다. 대통령을 비롯한
행정부에 대해 국회가 높은 위상을 지니려
면 먼저 그 국회를 구성하는 정당의 위상
이 높아야 한다.

99

그 밖에도 국가의 전체적인 균형 발전이나 장기적인 발전 전략보다는 제 논(자기 지역구)에 물 대기 바쁜 이전투구의 예산 따먹기 싸움으로 국민 세금을 낭비해온 일, 종종 힘 있는 이익단체나 기업의 로비에 밀려 국민에게 유리하도록 최선을 다하지 않고 수상한 쪽으로 법을 제정하거나 개정하는 일, 무슨 큰 사건 사고만 터지면 근본적인 대책 운운하며 온갖 제안과 법안을 쏟아내다가도 시간이 흘러 국민의 관심에서 멀어지면 덩달아 용두사미로 흐지부지해버리는 일 등 국회가 민의를 배반한 일은 수두룩하다.

하나 더, 빼놓을 수 없는 이유는 정당의 위상 추락이다. 의석을 가진 정당들이 모여 구성하는 것이 국회다. 대통령을 비롯한 행정부에 대해 국회가 높은 위상을 지니려면 먼저 그 국회를 구성하는 정당의 위상이 높아야 한다.

그러려면 앞에서도 말했듯이 국회의원 개개인이 국가기관으로서의 위상을 잃지 않아야 한다. 쉽게 말해, 대통령의 한마디나 당론에 따라 거수기 노릇을 해서는 안 된다는 것이다.

이런 문제는 정당 시스템이 의회를 구성하는 주체의 위상에 맞게 진보해야 풀 수 있다. 이것을 정치인이 모르는 바는 아니지만, 해가 묵어도 개선될 조짐조차 없는 것은 거대 양당의 의회 독과점 구조가 가장

3장 [본本] 정치는 말에서 시작된다

큰 원인일 수도 있다.

민의를 제대로 받들지 못하면 언제든지 제3당으로, 군소 정당으로, 심지어는 원외 정당으로 추락할 수 있다는 위기감이 있어야 한다. 국회의원 선거제도가 획기적으로 개선되지 않는 한 이 문제의 해결은 앞으로도 요원할 수 있다.

개혁, 못하는 것이 아니라
안 하고 있다

브라질을 세계 7위의 경제 대국으로 끌어올린 노동자 출신 대통령 룰라
는 자신의 극빈층 구제 정책을 방해하는 기득권 세력에게 일침을 날렸다.
"부자에게 돈을 쓰는 건 투자라고 하면서 가난한 사람에게 돈을 쓰는 건
왜 비용이라고 하는가?"

우리 사회는 개혁 과제들이 산적해 있는 가운데, 특히 권력기관의 개혁은 기득권에 발목이 잡혀 해를 넘기고 또 넘겨 이제는 곰팡내가 날 지경이다. 무엇보다 검찰개혁이 중대한 과제였는데 매번 실패함에 따라 급기야는 '정치 검찰'을 넘어 '검찰 정권'을 허용하고 말았다. 그리하여 오늘날 우리는 가히 '민주주의 국가'가 아니라 '검찰 국가'에 살게 되었다고 해도 과언이 아니다.

이런 사실은 지금 눈으로 보고 있는 바이지만, 올해 초에 저널리스트 이춘재가 펴낸 《검찰 국가의 탄생》을 보면 분명하게 확인할 수 있다. 거기다가 지난 3월에 전 대검찰청 중수부장 이인규가 회고록으로 펴낸 《나는 대한민국 검사였다》에서 자랑삼아 '고백'한 내용만 보더라도 검찰 권력을 이대로 두고서는 민주주의를 지킬 수 없다는 사실이 분명하다. 이인규의 책에 보면, 직무상 얻은 정보의 일방적 유포(이는 금지사항이지만 전·현직 검사를 막론하고 이미 다반사로 위반하고 있는 현실이다)만 해도 한심한데 정치적 목적의 진술을 얻어내기 위해 다른 혐의는 덮어주겠다는 거래, 만약 협조하지 않으면 회사와 집안을 풍비박산을 내겠다는 협박을 일삼아 원하는 진술을 확보했다고 자랑하는 대목에 이르면 아연실색한다. 책 전반에 걸쳐, 검찰 마음대로 없는 죄도 만들고, 있는 죄도 없애는 무서운 현실을 생생하게 '증언'하고 있다.

검찰의 이런 폭주는 나쁜 정치가 만들어낸 정치의 산물이다. 정치개혁이 시급한 이유다.

우리도 경험했듯이 민주주의가 무너지는 건 한순간이다. 일제강점기부터 친일부역의 대가로 영화를 누리면서 기득권이 된 세력이 해방 후에도 미 군정과 이승만 정권의 비호를 업은 데 이어 군사정권에 부역하면서 더욱 강고한 기득권 카르텔을 형성해왔다. 거기다가 새로 생긴 기득권이 합세하여 거대한 카르텔의 띠로 우리 사회를 옴짝달싹 못 하게 옭아매고 있다.

넷플릭스 다큐멘터리 〈위기의 민주주의-룰라에서 탄핵까지〉를 보면 브라질의 재벌, 검찰, 사법, 언론 기득권 카르텔이 어떻게 민주주의를 파괴하고 극우 정권을 세우는지 생생하게 증언한다. 두 번의 대통령 임기를 마치고 퇴임 지지율이 무려 87%인 룰라 대통령의 뒤를 이어받은 호세프 대통령을 끌어내리는 데는 그리 오랜 시간이 걸리지 않았다.

브라질을 세계 7위의 경제 대국으로 끌어올린 노동자 출신 대통령 룰라는 자신의 극빈층 구제 정책을 방해하는 기득권 세력에게 일침을 날렸다.

"부자에게 돈을 쓰는 건 투자라고 하면서 가난한 사람에게 돈을 쓰는 건 왜 비용이라고 하는가?"

"

청년 정치인들은 우리 편을 얼마나 잘 감싸고 상대편을 얼마나 잘 공격하느냐에 따라 정치인의 자질을 평가받는 현실을 지적하면서 "정치가 해야 할 일은 갈등을 키워 잘 싸우는 것이 아니라 갈등을 잘 조정하고 잘 타협하여 합의하는 일이라는 점"을 새삼 상기시킨다.

"

기득권 세력이라고 하면, 왕조시대의 이른바 '공신'들도 지금의 기득권 못지않았다. 특히 정권을 뒤엎고 반정을 일으켜 새 임금을 옹립한 세력은 임금과 왕실을 깔고 앉아 대대손손 분에 넘치는 영화를 누렸다. 임금을 직접 옹립한 반정 세력의 권세는 임금을 능가해서 나는 새도 떨어뜨릴 정도였다.

수양대군은 자신의 주도로 반정을 일으켜 임금이 된 터라 '공신'들이 새 임금의 권세를 능가하지는 못했지만, 대단한 기득권 세력을 형성한 것은 마찬가지였다. 그래서 세조의 권력 찬탈 결과 최후 승자는 세조가 아니라 공신들이다. 그들은 세조가 죽고도 대를 이어 영화와 권력을 누렸으니 하는 말이다.

예나 지금이나 새로 들어선 권력은 자칭 '개혁'의 청사진을 거창하게 제시한다. 그러나 정작 필요한 생산적인 개혁은 실천되지 않고 권력의 존재감을 즉각적으로 과시하면서 키울 수 있는 파괴적인 정치 공작이 '개혁'의 이름으로 실행된다. 잠재적인 정적들을 신속하고 공공연하게 굴복시키거나 제거할 수 있기 때문이다. 하지만 이런 무늬만 개혁이 성공할 리가 없다. **진정한 개혁이란 정적을 제압하고 특정 대상을 굴복시키는 것이 아니라 새로운 사회 구조를 만들어 정착시키는 것이기 때문이다.** 사회 구조에 대한 매우 높은 수준의 이해를 바탕으로 치밀하게 개혁을 설계하고 중단없이 실행해야 겨우 반이나마 이룰 수 있는 것이 개

3장 [본초] 정치는 말에서 시작된다

혁이다. 어떤 개혁이든 균형을 취하고 기득권의 저항을 무마하는 일이 간단하지 않기 때문이다.

윤석열 정권이 노동, 교육, 연금 분야에 대한 손질을 '3대 개혁' 과제로 천명한 가운데 무엇보다 '노동 개혁'에 열을 내고 있다. 무엇보다 중대할뿐더러 시급한 권력기관의 개혁은 쏙 빠져 있다. 특히 검찰개혁은 더 미뤄서는 안 되는 문제다. 국민 여론이 그만큼 비등한 개혁 대상이기도 하다. 그런 여론의 관심을 돌려 검찰 국가의 위상을 공고히 하기 위해 관심 돌리기와 지지율 높이기 용도로 가장 만만한 세 분야를 겨냥한 졸속 '기획'이라는 혐의를 피하기 어려워 보인다.

윤석열 대통령은 '3대 개혁' 대상, 특히 노동자를 향해 기득권에 찌들어 있다고 직격탄을 날리면서 그 기득권을 내려놓을 것을 협박하다시피 한다. 참, 뭣 묻은 개가 재 묻은 개 나무라는 격이다. 수사권과 기소권을 사실상 독점하고 있어 견제장치가 없는 검찰의 기득권에는 눈 감은 채 사실관계까지 왜곡해가며 노동자를 겁박하는 대통령이 외치는 '개혁'을 누가 진심으로 믿어줄까?

청년 정치인들은 여야를 막론하고 강성 지지층만 바라보면서 정쟁에만 몰두해 국민은 안중에도 없다며 기성 정치권에 비판의 목소리를 쏟아냈다. 정치개혁 논의에 국회의원은 모두 빠져야 한다는 주장까지 나올 정도로 언제부턴가 국회의원은 기득권에 사로잡힌 정치인의 이미지가 굳어 있다.

오늘날 우리 정치는 지지층에 아부하고 눈앞의 이익을 얻고자 국민 다수가 혐오하는 낱말 여남은 개를 뽑아 상대 정당을 깎아내리고 모욕하는 방식으로 작동하고 있다고 꼬집었다. 또 우리 편을 얼마나 잘 감싸고 상대편을 얼마나 잘 공격하느냐에 따라 정치인의 자질을 평가받는 현실을 지적하면서 정치가 해야 할 일은 갈등을 키워 잘 싸우는 것이 아니라 갈등을 잘 조정하고 잘 타협하여 합의하는 일이라는 점을 새삼 상기시킨다.

청년 정치인들은 여야 양당 내부에서도 정치가 잘 돌아가지 못하고 없는데, 의회에 정치가 있겠느냐고 비판하면서 하루속히 정당으로서 존재감을 회복하고 의회정치를 복원할 것을 강력히 촉구한다.

이런 청년 정치인들의 문제 제기에 공감한 기성 의원들이 개혁의 움직임을 보이기 시작한 것은 그나마 다행이다. 국회의원들의 기득권을 내려놓겠다는 각성도 중요하지만, 87년 체제를 탈피해야 한다는 공감대를 넓혀가고 있는 것은 고무적이다. 여야 의원 110여 명이 초당적 정치개혁 모임을 발족한 것도 공감을 실천으로 이행하겠다는 의지로 읽혀 기대된다.

그러나 앞에서도 언급했듯이 우려를 씻기 어려운 바는 집권 여당인 국민의힘이 대통령의 심기 경호를 제일 과제로 삼고 있는 현실에서 합리적인 정치개혁 방안을 내놓거나 또 그런 방안에 찬성할 수 있겠느냐는 것이다. 더구나 노골적으로 대통령의 뜻에 따르겠다는 당 대표가 선출된 마당이라서 이 문제의 선결 없이는 정치개혁이 논의를 넘어 실행까지는 가기는 어려운 현실이다.

그렇더라도 아주 기대를 접기에는 정치개혁이 절박한 너무 시점이라서 여러모로 방안을 논의하고 해결책을 모색하는 노력을 한시도 멈춰서는 안 될 것이다.

현장에서 시민들과 함께

4장

[색色] 말뿐인 정치는 사기다

말이 곧 정치이고 정치가 곧 말이라지만, 이는 다양한
이념과 견해를 지닌 상대방이 있어서 서로 말로
논쟁하고 설득하여 타협점을 찾아가는 것이
정치의 본령이라는 뜻이지, 실천 없이 말뿐인 정치를
옹호하는 말은 전혀 아니다.

열광하는 정치, 적대하는 정치

지지층에 기댄 열광하는 정치로의 함몰은 민심을 살피고 민심에 부응하는 것이 아니라 민심을 왜곡하고 가리는 일이다. 이런 열광하는 정치, 적대하는 정치를 놔두게 되면 정치가 나빠지고 그에 따라 국민이 고통받게 된다.

우리 정치의 본질적인 문제는 정당정치가 정상적으로 튼튼하게 자리 잡지 못해 책임정치를 실현하지 못하고 있다는 것이다. 여당을 사실상 좌지우지하는 대통령은 아무리 실정을 저질러도 유체이탈의 화법으로 만만한 상대를 골라 화를 내며 책임을 전가하며 자신은 책임 선상의 위에서 군림한다. 이른바 꼬리 자르기다.

내각의 장관은 일이 터지면 모든 권한을 행사하는 대통령 대신 관련 부처 장관이 사임하는 것으로 책임을 대신 지는 것이 공식처럼 되어 있다. 그런 대통령의 장단에 맞춰 춤을 추는 여당은 야당에 책임을 떠넘기며 빠져나간다.

이러다 보니 정책 대결에 따른 책임정치보다는 열성 지지층에 의존하는 열광하는 정치, 상대를 깎아내려 반사이익을 노리는 적대하는 정치가 갈수록 기세를 올리고 있다. 다양한 정강과 정책 기조를 가진 정당들이 타협으로 합의를 끌어내는 것이 본령인 민주주의에 대한 심각한 위협이다.

이렇게 되어서는 대의정치에 맡긴 책임정치가 발붙일 데가 없다. 정치에 한에서는 정치인에게 권위를 부여하여 임기 동안 그 일을 소신껏 하도록 자율을 보장하는 것이 책임정치로 가는 길이며, 그것이 정치의 본질이다. 그러나 정치인이 소신보다는 정책 논의와 결정 과정이 여론에 직접 노출되어 유권자의 눈치를 더 보게 되면 소신을 버리고 연기를 하게 된다. 유권자에게 보여주기 위한 정치, 지지층을 열광하게 하는 정치로 기운다는 것이다.

그래서 각종 의회 활동이 언론에 공개되느냐 아니냐에 따라 국회의원들의 태도와 말이 사뭇 달라진다. 국정감사나 대정부 질문 현장은 그렇다 쳐도 여야 의원들이 머리를 맞대고 현안을 날카롭게 따져 바로잡고 정책이나 법률안을 진지하고 논의해야 하는 국회 상임위원회에 카메라가 몇 대씩 들어와 회의 장면이 생중계되고 회의록까지 온라인에 실시간으로 올라가다 보니 상임위원들은 너나 할 것 없이 모두 카메라에 대고 발언한다. 그러니까 회의에 필요한 발언보다는 지지자들에게 아첨하는 말만 쏟아낸다.

이처럼 지지층에 기댄 열광하는 정치로의 함몰은 민심을 살피고 민심에 부응하는 것이 아니라 민심을 왜곡하고 가리는 일이다.

이런 열광하는 정치, 적대하는 정치를 놔두게 되면 정치가 나빠지고 그에 따라 국민이 고통받게 된다.

"

대통령선거든 국회의원 선거든 지방선거든 정당의 권위와 기능이 제대로 작동하면 이런 사적인 위력이 끼어들 입지가 좁아진다. 그래야 정치가 살고, 정치인의 존재가 국민 앞에 떳떳하게 된다.

"

지지층을 열광하게 하는 정치를 흔히 '팬덤 정치'라고 한다. 정당의 공식 가치나 이념보다는 정치 엘리트 개인의 인기나 정당의 인기 영합한 파격적인 정책 제시에 의존하는, 열성 지지층에 기댄 대중 직접 호소 정치를 가리킨다.

우리의 거대 양당은 진보 보수를 막론하고 대개 이런 대중적 인기, 다시 말하면 여론조사 지지율에 목을 매는 정치에 골몰해왔다 해도 과언이 아니다. 그러다 보니 장기적인 비전과 당의 이념 정체성에 따른 내실을 다지기보다는 그때그때 닥치는 선거에 이기기 위해 모든 역량을 쏟아붓고, 선거에서 지면 으레 임기가 남은 지도부가 총사퇴하고 비상대책위원회 체제로 선거의 패배를 가리기 바쁜 악순환을 거듭해온 것은 역사의 기록에 남아 있다. 우리 정당의 부끄러운 역사다.

정치인의 입장으로 보면 팬덤 정치는 지지층의 결집하는 세 과시의 동원정치에 유리하다. 그래서 그것이 바람직하지 못한 줄 알면서도 쉽게 유혹을 떨치지 못한다. 지지자의 입장으로 보면 대중적 열정을 통해 정치과정에 영향력을 행사할 수 있다는 정치적 효능감을 경험하게 된다. 그러면서 아예 자신이 지지하는 정치인의 수호천사를 자처하는 한편 사사건건 감 놔라, 대추 놔라 하는 시어머니 역할도 마다하지 않는다.

팬덤 정치에서 진짜 팬이라면 무조건의 지지를 보내지만, 교묘하게 팬을 가장하여 조건으로 반응하는 지지자도 늘어나고 있다. 이른바 선거꾼들이 이리저리 진영을 옮겨 다니며 조직의 통로에 똬리를 틀고 앉아 팬덤에 영향력을 행사함으로써 존재감을 높인다. 정치인이 이런 팬덤 정치의 편익에 안주하게 되면 선거에서 승리하더라도 자기 정치를 할 수 없게 된다.

물론 대중의 평가와 인기에 초연할 수 없는 정치의 속성상 정치인은 팬덤 정치를 완전히 배제하기는 어렵겠지만, 적어도 거기에 휘둘릴 정도가 되어서는 곤란하다는 얘기를 하고 싶은 것이다.

흔한 말 가운데 '사무장 변호사' 니 '사무장 의사' 니 하는 게 있다. 변호사나 의사가 주체적으로 사무장을 고용하여 변호사 사무실이나 병원을 운영하는 게 아니라 거꾸로 자본이나 거래 루트를 확보한 사무장이 변호사나 의사를 사실상 고용하여 사업을 영위하는 형태를 말한다. 변호사나 의사가 월급을 받고 사무장의 사업에 동원되는 셈이다. 꼭 시작은 그렇지 않더라도 나중에 결국은 사무장이 운영을 좌지우지하게 되는 형태도 '사무장' 딱지가 붙게 마련이다.

때마다 선거를 치러야 하는 정치 역시 '사무장' 에 지나치게 의존하게 되면, 즉 사무장이 기획하고 시행하는 열광의 정치, 적대의 정치에 지나치게 기대게 되면 제아무리 국회의원이라도 '사무장 국회의원' 을 면하지 못하게 된다.

이런 부작용을 방지하는 가장 근본적이자 효과적인 방법은 정당의 의상을 높이고 조직 기능을 강화하는 것이다. 대통령선거든 국회의원 선거든 지방선거든 정당의 권위와 기능이 제대로 작동하면 이런 사적인 위력이 끼어들 입지가 좁아진다. 그래야 정치가 살고, 정치인의 존재가 국민 앞에 떳떳하게 된다.

"

적대와 혐오의 정치는 알맹이 없는 감정적 급진주의를 초래한다. 말이 곧 칼이 되어 상대를 공격하는 데만 쓰인다. 자연히 타협과 협의의 말이 사라지면서 정치도 함께 사라진다. 이처럼 상대에 대한 적대감을 키우는 한편으로 정치를 유사종교화한다. 그렇게 되면 유권자들이 지지하는 정치인을 정치적 리더로 보는 게 아니라 교주로 보게 되는 것이다.

"

그렇다고 해서 내가 팬덤 정치 자체를 무용하다거나 부정하는 것은 아니다. 대중의 지지와 참여 없는 민주정치는 존립하기 어려우며, 팬덤 없는 정치 역시 존립하기 어렵기 때문이다. 대중의 지지와 팬덤은 일정한 선을 지키기만 한다면 정당의 지지 기반 확대에 이바지할뿐더러 선거 경쟁을 민주적으로 활성화하는 데도 도움이 될 수 있다.

하지만 앞에서도 말했듯이 일정한 선을 넘어 지나치게 되면 정치가 대중의 선동에 휘둘리기 쉬워져 민주주의를 위협할 수 있다. 또 야심을 가진 정치 엘리트가 팬덤의 동원에 성공하여 대통령이든 국회의원이든 도지사든 높은 자리를 차지하게 되면 자칫 민주적 책임을 꺼리게 된다. 군림하려 들게 되는 것이다. 그러면, 오늘날 윤석열 대통령이 생생한 사례를 보여주고 있듯이 관용과 타협의 정신을 바탕으로 한 합리적 경쟁 대신 노골적인 편 가르기에 따른 혐오와 배제의 정치가 시작된다.

적대와 혐오의 정치는 알맹이 없는 감정적 급진주의를 초래한다. 말이 곧 칼이 되어 상대를 공격하는 데만 쓰인다. 자연히 타협과 협의의 말이 사라지면서 정치도 함께 사라진다. 이처럼 상대에 대한 적대감을 키우는 한편으로 정치를 유사종교화한다.

그렇게 되면 유권자들도 지지하는 정치인을 정치적 리더로 보는 게 아니라 교주로 보게 되는 것이다. 정치인을 리더로 지지하는 데는 정치적 이유가 분명하지만, 정치인을 교주로 떠받드는 데는 어떤 정치적 이유도 무시된다. 우리 정치는 오늘날 상당 부분 유사종교에 가까운 길을 가고 있다.

일상과 정치의 건강한 분리 없이 민주주의는 불가능하다. 의견이 다르다는 이유로 사적 린치가 가능하다면 민주주의 이전에 인간 삶부터 견딜 수 없게 된다. 정치적 견해가 다르다는 이유로 누군가를 '딱지'를 붙이는 말로 적대하게 되면 팬덤을 넘어 전체주의적 성향으로 흐를 수 있다. 빨갱이, 종북, 적폐, 토착 왜구 같은 말이 그런 적대적 관계에 불을 지른다. 민주주의를 생각한다면 함부로 휘둘러서는 안 되는 비수 같은 말이다. 특히 정치인이라면 더욱 그렇다.

이런 자각과 성찰 위에서 서로 다른 의견으로부터 배우고 타협할 수 있는 시민성이 길러져야 민주주의가 산다. 다른 의견을 가진 시민은 배제해야 할 적대세력이 아니라 그저 생각이 다를 뿐인 동료 시민이다. 서로의 공통분모를 찾아 최선의 타협점을 찾아내는 데 필요한 정치적 동반자이자 협업자이다. 우리 정치에 팬덤이 극성을 부리고 있는 배경에는 정당들이 제 역할을 하지 못하고 있다는 사실을 정치인들은 뼈아프게 새기고 반성해야 한다.

말뿐인 정치, 이미지 정치

청년 정치를 가로막는 구조적인 문제를 외면한 채 낡은 정당 이미지를 쇄
신할 목적으로 '청년 이미지'를 부각하는 데만 골몰해온 결과가 청년의
정치 참여 부재를 부추겨온 것이다. 정당들의 그런 행태가 청년 정치를
가로막는 걸림돌이 되어온 것을 성찰하고 시급하게 정당의 체질 개선부
터 나서야 할 때다.

말이 곧 정치이고 정치가 곧 말이라지만, 이는 다양한 이념과 견해를 지닌 상대방이 있어서 서로 말로 논쟁하고 설득하여 타협점을 찾아가는 것이 정치의 본령이라는 뜻이지, 실천 없이 말뿐인 정치를 옹호하는 말은 전혀 아니다.

우리 사회에서 선거 때마다 '말뿐인 정치'에 동원되어 소비되고 선거가 끝나면 버려지는 대상이 대표적으로 '청년'과 '서민'이다. 선거가 닥치면 정당들은 경쟁하듯이 '청년' 정치인을 영입하면서 관련 대책을 쏟아내는 한편으로 전통 시장을 찾아 순대와 어묵을 입에 문 채 서민 흉내를 내면서 '서민' 천국을 약속한다.

그러나 **선거가 끝나면 '청년'은 용도 폐기되고, '서민'은 다시 무관심과 소외의 사각지대에 놓인다. 말뿐인 정치의 피해자는 바로 우리 국민이다.** 그런 점에서 청년 아닌 '청년' 정치인들의 지적은 뼈아프다. 30대에 정치에 입문하여 60대에 이르도록 5선, 6선을 하며 기득권의 상층을 차지한 기성 정치인이 40대 출마자에게 아직 이르다고 충고하는 말을 듣고 사다리 걷어차기가 생각났다는 '청년' 정치인의 한탄이 특별한 예가 아니라는 사실이, 말로만 청년 정치를 외칠 뿐 청년 정치인을 키우지 않는 우리 정치의 현주소를 보여준다.

청년 정치를 가로막는 구조적인 문제를 외면한 채 낡은 정당 이미지를 쇄신할 목적으로 '청년 이미지'를 부각하는 데만 골몰해온 결과가 청년의 정치 참여 부재를 부추겨온 것이다. 정당들의 그런 행태가 청년

정치를 가로막는 걸림돌이 되어온 것을 성찰하고 시급하게 정당의 체
질 개선부터 나서야 할 때다. 청년 정치인을 이미지로만 소비하고 버릴
게 아니라 정당과 정치권에 제대로 뿌리 내릴 수 있는 인적 자산으로
키우려는 실천적 노력이 뒷받침되어야 한다는 말이다.

"

정치의 언어는 자신의 이미지를 긍정적으로 만드는 데도 쓰이지만, 상대방에게 부정적인 이미지를 씌우는 데도 쓰인다. 상대방에게 부정적인 이미지를 씌우는 것으로 반사이익을 취하는 것 역시 이미지 정치라고 할 수 있다.

"

정당들이 호감도를 높이기 위해 선거 때마다 이미지를 소비하는 단골 대상에는 청년 말고도 '서민' 이 있다. 재해 현장을 찾아 피해 주민들과 함께 땀 흘리는 이미지를 연출하고, 전통 시장을 찾아 서민 음식을 함께 나누는 소탈한 이미지를 부각한다.

지난해 8월, 국민의힘 김성원 의원이 수해 복구 봉사활동을 간 자리에서 당시 원내대표이던 권성동 의원에게 "솔직히 비 좀 왔으면 좋겠다, 사진 잘 나오게"라고 한 말은 단순한 말실수로만 볼 수 없다. 김 의원뿐 아니라 많은 정치인의 속마음을 대변한다고 해도 과언이 아니다. 이 말이 방송사 마이크에 노출되어서 문제가 커진 것이지, 그렇지 않았다면 자기들끼리 공감하면서 아무렇지도 않게 넘어갔을 터였다. 이처럼 이미지 정치에 재미가 들려 정치의 본질을 망각하는 정치인이 우리 정치의 주류를 이루는 한 정치개혁은 요원하다.

유권자는 정치인 개개인에 관한 정보를 세세히 알지 못한다. 따라서 미디어를 통해 형성된 이미지로 판단하게 마련이다. 이미지가 정치인의 실체를 대신하게 되는 것이다. 그래서 정치인의 실체보다 이미지가 중요하게 여겨지는 것이고, 정치인은 이미지에 살고 죽게 되는 현상까지 벌어진다.

물론 처음에 형성된 이미지가 끝까지 간다는 보장도 없고 선거에는 예기치 못한 변수가 많고, 특정한 기준이 당락을 좌우한다고 규정하기도 어렵다. 하지만 이미지를 가장 많이 소비하는 현대 사회에서 정치인

개인의 이미지가 하나의 공약 노릇을 하고, 정당의 얼굴이자 정책이 된다는 점은 부인하기 어려운 사실이다.

그리고 정치인의 이미지는 말끔히 걷어낼 수 있는 것도 아닌 데다가 그 이미지가 모두 거짓이라고 단정할 수도 없다. 게다가 정치인이 이미지에 신경 쓰는 것은 당연한 일이다. 중요한 것은, 알맹이 없이 지나치게 이미지 형성에만 골몰하는 것은 정치인의 태도가 아니라는 것이다.

정치의 언어는 자신의 이미지를 긍정적으로 만드는 데도 쓰이지만, 상대방에게 부정적인 이미지를 씌우는 데도 쓰인다. 상대방에게 부정적인 이미지를 씌우는 것으로 반사이익을 취하는 것 역시 이미지 정치라고 할 수 있다.

정치에서 말이 가진 본연의 역할은 변화와 개선의 가능성을 키우는 데 있지 상대방에게 정형화된 부정적인 이미지를 덧씌워 소모적인 갈등을 유발하는 데 있지 않다. 민주주의는 강압이나 비방이나 적대가 아닌 설득, 즉 말의 힘으로 구현하는 공동체를 지향한다. 정치의 말이 사나워져 상대에게 악마의 이미지를 씌우고 상대의 존재를 파괴하는 데 이르면 민주적 공동체의 이상을 실현하는 것은 한낱 몽상일 뿐이다. 말이 정치를 살리면, 정치도 말을 살린다. 그것이 바로 민주주의가 성장하고 굳건해지는 좋은 정치 토양이다.

선택적 정의, 악의적 편집

언론의 '보도하지 않을 권한' 역시 막강한 영향력을 발휘한다. 이처럼 언론의 힘에도 보도할 권한과 보도하지 않을 권한이라는 두 가지 측면이 있다. 흔히 사람들은 언론이 생산하여 보도한 뉴스를 두고 시비를 따지면서 말이 많지만, 정작 언론의 진정한 힘은 보도하지 않는 데 있다.

검찰의 수사 또는 기소하지 않을 권한이 막강한 만큼 언론의 '보도하지 않을 권한' 역시 막강한 영향력을 발휘한다. 이처럼 언론의 힘에도 보도할 권한과 보도하지 않을 권한이라는 두 가지 측면이 있다. 흔히 사람들은 언론이 생산하여 보도한 뉴스를 두고 시비를 따지면서 말이 많지만, 정작 언론의 진정한 힘은 보도하지 않는 데 있다. 검찰에 빗대자면, 언론의 취재는 수사요, 보도는 기소다. 언론 역시 검찰이 아예 수사조차 하지 않듯이 취재조차 하지 않을 수도 있다. 검찰의 수사나 기소를 하지 않을 권한이 종종 뒷돈 같은 대가로 거래되듯이 취재나 보도를 하지 않을 권한 역시 종종 뒷돈 같은 대가로 거래된다.

권력에는 두 가지 속성이 있다. 하나는 뭔가를 하도록 강제하는 힘, 즉 명시적 권력이다. 다른 하나는 아무것도 하지 않는 데서 오는 힘, 즉 묵시적 권력이다. 언론도 마찬가지다. 뭔가를 열심히 보도하는 명시적 권한이 있는가 하면, 아무것도 보도하지 않는 묵시적 권한, 즉 침묵의 힘이 있다.

보도된 사실만이 세상의 진실은 아니다. 보도되지 않고 묻힌 진실이 더 많을 수 있다. **검찰이든 언론이든 묵시적 권한 남용이 범람하게 되면 약자들이 보호받지 못하고 민주주의가 위험에 처하게 된다.**

우리 노동 환경은 OECD 국가 가운데 가장 열악한 편이다. 노동시간이 길기도 하지만, 무엇보다 산업재해가 가장 자주 발생하는 노동 환경이다. 만약 언론이 서로 짜고서 묵시적 권한을 발동하여 이런 재해를 보도하지 않게 되면 우리나라는 산업재해가 거의 발생하지 않는 나라가 된다.

그래서 검찰 권력과 언론 권력은 우리 사회에서 '선택적 정의'를 구사하는 막강한 두 축의 권력 집단으로 통한다. 이른바 조·중·동으로 불리는 거대 보수 언론은 진작에 권력 집단에 대한 감시자와 비판자의 역할을 저버리고 스스로 권력 집단이 되어 검찰 권력과 보조를 맞추고 있다. 선택적 정의가 발붙이지 못하도록 감시하는 대신 선택적 정의를 생산하여 유포하는 동업자가 되고 만 것이다.

언론이 가진 또 하나의 치명적인 무기는 '악의적 편집'이다. 많은 언론이 악의적 편집을 일삼지만, 조선일보의 악의적 편집의 기술과 빈도는 타의 추종을 불허할 만큼 탁월한 데가 있다.

2021년 재보궐 선거로 서울시장에 당선된 오세훈 시장이 지난 박원순 시장 재임기의 행정을 전면 부정하는 기자회견을 열고 특히 시민단체 지원금이 지난 10년간 1조 원이 넘는다고 열을 올렸다.

그러자 조선일보는 9월 14일 발행 신문 1면의 머리기사 제목을 "10년간 1조, 시민단체 현금지급기 된 서울시"로 뽑았다. '현금지급기'라는 자극적이고 악의적인 단어 하나가 모든 것을 규정하고 압도해버린다. 그 기사 아래 '코로나 5차 지원금 현장 접수'를 위해 시민들이 길게 줄을 선 사진을 배치했다.

"국민은 코로나로 고통받고 있는데, 박원순 시장은 시민단체들과 협잡하여 서울시 예산을 흥청망청 쌈짓돈처럼 마음대로 빼 썼다"는 이미지를 극대화한 편집이다.

　기득권과 결탁한 거대 언론은 이런 악의적 편집을 통한 왜곡 보도와 함께 숱한 사건들에 대해 축소 보도하거나 아예 보도하지 않음으로써 막강한 영향력을 유지하고 행사한다.

정치의 진짜 문제는
리더십의 부재

설득하고 공감하고 타협하고 통합하는 리더십을 만나고 싶다. 동서고금 의 역사가 증명하듯 민주주의 정치에 꼭 필요한 리더십이다. 반면에 남 탓을 하고, 독선과 독단에 빠지고, 편을 나누어 적대하고, 분열과 불통을 일삼는 리더십은 만나고 싶지 않다.

윤석열 정권이 출범한 지 일 년이 지난 지도 한참이지만, 아직껏 매사에 전 정권 탓 타령이다. 대통령이 되어서는 책임감도 없고, 국정 철학도 없고, 무엇보다 상황을 관리하고 인재를 적재적소에 기용할 줄 아는 리더십이 없으므로 기껏 할 수 있는 게 남 탓밖에 없다.

인류사를 살펴보면 놀랍게도 역설적인 진화사를 발견할 수 있다. 힘센 네안데르탈인은 멸종했고, 약한 호모 사피엔스는 살아남았다는 사실이다. 운명을 가른 두 인류의 멸종 원인과 생존 비결은 무엇일까? 약육강식만이 능사는 아니라는 얘기다. 미국 듀크대 진화인류학과 연구진은 그 비결을 타인과 협력, 소통, 친화력으로 꼽았다. 다정하게 행동할수록 생존에 더 유리하다는 것이다.

현대 사회의 바람직한 리더십은 어떤 위상일까? 고도로 다원화된 사회에 제왕적 리더십이 맞지 않는 것은 당연하다. 제왕적 리더십의 가장 큰 문제점은 불통에 있다. 비빔밥 주문하려는 손님에게 곰탕 내놓고 "이게 더 맛있으니 많이 드시라!"고 말하는 식당 주인이 있다면? 손님과 소통할 줄 모르는 그런 불통식당이 망하는 것은 시간문제다.

국민은 '통치의 대상'이 아니며 정부가 '베풀어 내리는' 각종 지원과 혜택을 받는 대상, 즉 '시혜의 대상'도 아니다. 국민은 주면 주는 대로, 시키면 시키는 대로 살아가는 존재가 결코 아니다. 국민은 대한민국 공동체의 진정한 주인이며, 정부와 정치인은 그 주인을 섬겨야 하는 존재, 공적인 심부름꾼 즉 머슴이다.

설득하고 공감하고 타협하고 통합하는 리더십을 만나고 싶다. 동서
고금의 역사가 증명하듯 민주주의 정치에 꼭 필요한 리더십이다. 반면
에 남 탓을 하고, 독선과 독단에 빠지고, 편을 나누어 적대하고, 분열과
불통을 일삼는 리더십은 만나고 싶지 않다. 그런 건 리더십도 아니다.
리더는 시대정신을 갖고 국민의 요구에 응답해야 할 의무가 있다.

정견 발표 현장

"

나는 소설을 읽는 것보다 백성들의 민원을 읽는 것이 훨씬 더 재미있다. 최고지도자 군주로서 대궐에 있다 보니, 백성이 먹을 것이 넉넉하지 못해 걱정하는 일은 없는지, 굶주린 백성을 구제할 때 관리들이 농간하지는 않는지, 곡식을 나누어줄 때 백성이 실제로 혜택을 받는지, 질병을 앓는 사람은 요양을 제대로 받는지, 정확하게 알 수 없다.

"

공감의 리더십 하면 흔히 미국의 루스벨트 대통령이나 남아공의 만델라 대통령을 꼽지만, 우리의 임금 정조대왕도 공감 리더십이라면 결코 그들보다 못하지 않다.

정조는 오늘날의 국민권익위원장 역할까지 했다. 화성 행차라는 최고의 소통수단을 통해 정조는 궁궐을 벗어나 현장에서 가마를 세워놓고 백성의 고충 민원을 직접 듣고 적극적인 행정으로 실현해냈다. 정조 책문에는 이렇게 쓰여 있다.

"나는 소설을 읽는 것보다 백성들의 민원을 읽는 것이 훨씬 더 재미있다. 최고지도자 군주로서 대궐에 있다 보니, 백성이 먹을 것이 넉넉하지 못해 걱정하는 일은 없는지, 굶주린 백성을 구제할 때 관리들이 농간하지는 않는지, 곡식을 나누어줄 때 백성이 실제로 혜택을 받는지, 질병을 앓는 사람은 요양을 제대로 받는지, 정확하게 알 수 없다."

백성의 민원을 가장 많이 접수했던 왕도 정조였고, 이를 가장 빠르게 처리했던 왕도 정조였다. 평균 3일이면 백성들은 그 민원에 대한 답을 들을 수 있었다.

제아무리 임금이나 대통령이라도 진짜 권력은 설득력에서 나온다. 미국의 해리 트루먼 대통령도 집무실에 앉아 사람들을 설득하는 데 모든 시간과 노력을 쏟는다면서 대통령의 권력은 고작 그 정도에 불과하다고 했다. 대통령은 국민의 이익을 위해 일을 성사시키고, 정책적 설득을 통해 서로의 이해관계를 조정하는 조정자라는 것이다.

공감과 설득을 넘어 종합 리더십을 구사한 최고의 리더는 세종대왕이다.

세종대왕의 리더십은 애민(愛民)을 넘어 여민(與民)으로 귀결된다. 훈민정음 창제의 속 깊은 뜻 자체가 백성 위에 군림하지 않고 백성을 어여삐 여겨서다. 혼천의, 측우기, 앙부일구 같은 과학발명품은 농업 생산력을 증대시켜 백성의 삶을 윤택하게 하기 위한 것으로 신분을 따지지 않은 세종의 파격적인 국정 철학 덕분에 이룬 개가다.

세종은 아이, 여성, 장애인, 노인, 노비 등 사회적 약자 돌봄 정책도 세심하게 챙겼다. 여종이 아이를 낳으면 노비 남편에게도 30일 휴가를 주어라, 노비들 출산 휴가는 100일로 늘려라, 아이들에게는 겨울철에 먹을 것을 넉넉히 주고, 제생원에서 항상 관찰하게 하라, 관현악기를 다루는 시각장애인 중 천인인 자는 재주를 시험하여 채용하라, 가난하여 시기를 놓쳐 혼인하지 못한 사람은 친족에게 함께 결혼 준비를 하게 하고, 곤궁함이 더욱 심한 자에게는 관청에서 곡식을 주도록 하라, 사형에 해당하는 죄는 세 차례에 걸쳐 정확히 조사해 아뢰게 하라는 등의 정책은 당시에는 혁명적인 파격이었다.

통합과 화해의 리더십 하면 김대중을 따라올 리더가 드물다.

김대중은 흔히 '인동초'로 불린다. 다섯 번의 죽을 고비와 6년간 감옥 생활, 망명과 가택연금 등 감시와 탄압 속에서 인고의 세월을 견뎌왔다고 해서 붙여진 별명이다. 분단과 분열의 상처가 그의 정치 인생에 칼날처럼 배이들어 갔지만, 김대중은 대통령이 되어서 보복하지 않았다. 독재세력이든 군부세력이든 보수세력이든 그를 죽이려 했던 그 어떤 세력도 용서와 화해의 뜨거운 가슴으로 통 크게 껴안음으로써 통합의 리더십을 발휘했다.

여와 야, 좌와 우, 동과 서, 부유층과 서민층, 사용자와 노동자, 산업화세력과 민주화 세력이라는 이분법적 편 가르기는 김대중의 통합 리더십 앞에선 힘을 잃었다.

그는 평생 민주주의, 인권, 평화의 투철한 신념을 갖고 단 한 번도 좌절하거나 절망하지 않았고, 오직 역사와 국민을 믿고 '행동하는 양심'으로 뚜벅뚜벅 걸어갔다. 급기야 2000년 역사적인 남북정상회담을 통해 6·15 남북공동선언으로 남북평화의 시대를 열었고, 대한민국 최초로 노벨평화상을 받았다.

우리가 정치를 살려야 정치가 우리를 살린다

창세기 신화에 보면 태초를 '혼돈' 으로 묘사한다. 직업이 저마다 다른 세 사람이 만난 술자리에서 이때의 상황을 빌려 서로 자기 직업이 최초라고 주장했다.

처음 사람이, 태초의 땅과 물의 자리를 만든 토목기사이므로 자기 직업이 최초라고 자랑했다. 그러자 옆 사람이, 자기는 에덴동산의 정원사이니 자기 직업이야말로 최초라고 뻐겼다. 가만히 듣고 있던 정치인이 가소롭다는 듯 피식 웃으며 한마디 던졌다.

"혼돈이 최초의 우주라면, 뭘 하더라도 세상을 혼돈에 빠뜨리고 마는 직업이 바로 정치인이지. 그러니 내 직업이 최초일세!"

물론 농담이지만, 가슴을 후비는 뼈가 있다. 오늘날 정치인의 위신이 이처럼 조롱거리로 술자리 안주가 될 만큼 땅에 떨어졌다. 정치가 망한 탓이다. 누구는 정치에 무관심한 시민 탓을 하지만, 그럴 일이 아니다.

정치의 일은 맨 먼저 정치인에게 책임을 물어야 하고, 정치인은 마땅히 그 책임을 져야 한다.

정치에서 권력투쟁이나 정쟁이야 당연하다 할 수도 있겠지만, 그것도 할 일은 하면서 해야 한다는 전제가 엄연하다. 진정으로 국민을 생각하고 민의를 대변한다면 말이다. 그러나 정치 현실은 어떤가.

탁상공론의 허망한 비전은 끝내 땅에 닿지 못한 채 공허한 메아리로 허공에서 사라지고, 현실은 이전투구의 아수라장이다. 생산적인 논쟁은 없고 적대의 비방만 난무한다. 더불어 사는 길을 모색하는 대신 너 죽고 나 살자는 악다구니만 시끄럽다.

이제 어찌해야 하는가. 먼저 정치인이 각성하고 떨치고 일어서야 한다. 기득권을 박차고 나와 개혁의 선두에 서서 희망을 보여주어야 한다. 그 희망으로 시민의 참여를 끌어내고 북돋아야 한다.

결국, 시민의 참여만이 정치를 다시 살릴 수 있다. 정치인은 기꺼이 그 불씨를 살리는 불쏘시개가 되어야 한다.

우리가 정치를 살려야 그 정치가 우리를 살린다. 정치를 살리는 일은 자유로운 시민으로서의 나를 살리는 일이다.

삶을 업그레이드 하는 더 나은 삶 ————————————————

차기대권론

김재록 지음
416쪽 | 25,000원

권력의 거짓말

강해인 지음
396쪽 | 22,000원

정책이 만든 가치

박진우 지음
320쪽 | 22,000원

유죄vs무죄

곽동진 지음
240쪽 | 16,000원

의정활동기

맹진영 · 이용욱 · 윤유현 ·
제갑섭 · 문규주 지음
292쪽 | 20,000원

내 손을 잡아줘

김선우 지음
264쪽 | 20,000원

노동정책의 배신

김명수 지음
304쪽 | 22,000원

4차 산업혁명의 패러다임

장성철 지음
248쪽 | 15,000원

누구나 쉽게 작가가
될 수 있다

신성권 지음
284쪽 | 15,000원

내 글도 책이 될까요?

이해사 지음
320쪽 | 15,000원

독서로 말하라

노충덕 지음
240쪽 | 14,000원

독한시간

최보기 지음
248쪽 | 13,800원

당신이 생각한 마음까지도 담아 내겠습니다!!

책은 특별한 사람만이 쓰고 만들어 내는 것이 아닙니다.
원하는 책은 기획에서 원고 작성, 편집은 물론,
표지 디자인까지 전문가의 손길을 거쳐
완벽하게 만들어 드립니다.
마음 가득 책 한 권 만드는 일이 꿈이었다면
그 꿈에 과감히 도전하십시오!

업무에 필요한 성공적인 비즈니스뿐만 아니라 성공적인 사업을 하기 위한
자기계발, 동기부여, 자서전적인 책까지도 함께 기획하여 만들어 드립니다.
함께 길을 만들어 성공적인 삶을 한 걸음 앞당기십시오!

도서출판 모아북스에서는 책 만드는 일에 대한 고민을 해결해 드립니다!

모아북스에서 책을 만들면 아주 좋은 점이란?

1. 전국 서점과 인터넷 서점을 동시에 직거래하기 때문에 책이 출간되자마자 온라인, 오프라인 상에 책이 동시에 배포되며 수십 년 노하우를 지닌 전문적인 영업마케팅 담당자에 의해 판매부수가 늘고 책이 판매되는 만큼의 저자에게 인세를 지급해 드립니다.

2. 책을 만드는 전문 출판사로 한 권의 책을 만들어도 부끄럽지 않게 최선을 다하며 전국 서점에 베스트셀러, 스테디셀러로 꾸준히 자리하는 책이 많은 출판사로 널리 알려져 있으며, 분야별 전문적인 시스템을 갖추고 있기 때문에 원하는 시간에 원하는 책을 한 치의 오차 없이 만들어 드립니다.

기업홍보용 도서, 개인회고록, 자서전, 정치에세이, 경제 · 경영 · 인문 · 건강도서

모아북스
MOABOOKS

정치본색

초판 1쇄 인쇄 2023년 06월 26일
2쇄 발행 2023년 07월 05일

지은이 임종성
발행인 이용길
발행처 _{MOABOOKS} 모아북스

총괄 정윤상
편집장 김이수
관리 양성인
디자인 이룸

출판등록번호 제 10-1857호
등록일자 1999. 11. 15
등록된 곳 경기도 고양시 일산동구 호수로(백석동) 358-25 동문타워 2차 519호
대표 전화 0505-627-9784
팩스 031-902-5236
홈페이지 www.moabooks.com
이메일 moabooks@hanmail.net
ISBN 979-11-5849-212-0 03340

_{MOABOOKS} 모아북스 는 독자 여러분의 다양한 원고를 기다리고 있습니다.
(보내실 곳 : moabooks@hanmail.net)